本书出版受 2015 年教育部人文社会科学重点研究基地重大项目
（项目编号：15JJD790037）资助

齐 玲／著

人口老龄化问题的
动态研究

社会科学文献出版社
SOCIAL SCIENCES ACADEMIC PRESS (CHINA)

前　言

　　本书是作者在人口老龄化问题上的研究心得和一些初步成果。人口老龄化是很多先进国家面临的重大问题，它一方面造成了财政的支出负担，另一方面，由于年轻人比例下降，造成了技术发明和创新上的困难、需求上的减少和转变、劳动力市场的改变等一系列重要经济问题。人口老龄化问题的研究在我国有着重要的现实意义。因为我国还是发展中国家，没有先进国家的经济基础，却过早地背上了养老的负担。现在，我国正处于经济转型期，怎样解决这一问题，对我国的经济发展有着至关重要的意义。

　　本书重点研究人口老龄化的对策问题。我国已在 2016 年实行全面两孩政策，这是解决人口老龄化问题的关键和根本。本书重点研究人口老龄化问题中其他方面的对策问题：退休时间的最优选择及商业养老保险的需求问题。本书根据实际问题建立模型，用数学的动态最优化理论求解，并进行理论分析。建模、求解和分析等都是作者的独创。

　　本书包含五章和附录。第一章是对国内外关于人口老龄化问题的文献综述。第二章简述了宏观经济学的动态模型，包括连续时间模型、离散时间模型和后面要用到的世代交叠模型。第三章研究不确定生存期间模型与寿险需求模型，对国外的经典文献做了详细的证明和解释。第四章研究最优退休时间问题，分别建立了连续时间模型和离散时间模型来研究个人最优退休时间问题，在离散时间模型中，分析了退休时间的变化对经济的影响。第五章建立世代交叠模型研究在人口老龄化背景下，寿险和商业养老保险的需求问题。附录中给出了本书中必须用到的连续时间模型和离散时间模型的动态最优化问题的解法。

本书是在 2015 年度教育部人文社会科学重点研究基地重大项目（项目编号：15JJD790037）的支持下出版的。感谢中央财经大学中国精算研究院领导的大力支持。

中央财经大学中国精算研究院

齐　玲

2017 年 4 月 4 日

Preface

Some understanding and preliminary results of my study on population aging problem are included in this book. Population aging is a serious problem in developed countries for recent two decades, on the one hand, social security systems fell into difficulty situation, on the other hand, it effects economy on many fields: research and develop, consumption demands, and labor market. Studying on population aging in our country has a practical meaning, because we are developing country now, the social security in our country will confront more difficult situation than developed countries. Thus, how to solve this problem is very important in the change period of economy develop.

Some policies for population aging are considered in this book. Our government changed the only child policy to permit two children in every family last year. It was an important change on population policies in our country since 1980's. For the fertility problem, I will study in a separated book later.

In this book, the author consider the other policies for population aging problem: optimal retire time and the demand for life insurance. As an individual, how long time he should work to prepare his retire expending is also an important plan for himself. For the income what earned in his working time, he also has to consider how to distribute his income for saving and life insurance to supplement the shortage of the social security. Thus, those problems are important not only for the government and insurance companies but also for the individuals. The models and analyses in chapter 4 and 5 are new and considered by myself.

This book includes five chapters. In Chapter 1, some problems of population aging are discussed and literatures on this problem are given. In Chapter 2, some models in Macroeconomics are mentioned, the models in continuous time, the models in discrete time, overlapping generation models are discussed. In Chapter 3, some important papers on uncertain life time and life insurance demands are discussed. I every paper, I have given proofs and explanation in detail. In Chapter 4, analyses on the optimal retire time are discussed both in the continuous time model and in the discrete time model, in the discrete time model the effect of retire time is analyzed. In Chapter 5, an overlapping generation model is established to study the demand of life insurance, the effects of other factors on life insurance demands, for instance, popular aging, the changes on social security, and changes of interest rate. In the Appendix, optimal control theory is given, which will be used in the book.

This book was supported by the MOE Project of Key Research Institute of Humanities and Social Science in Universities 15JJD79

0037 of the Ministry of Education of the Peoples' Republic of China. I also appreciate the leadership of our institute for their support on writing of this book.

Ling Qi

China Institute for Actuarial Science

Central University of Finance and Economics

April 4, 2017

目　录

第一章　人口老龄化问题 ……………………………… 001

　第一节　研究背景 ………………………………………… 001

　第二节　国内外文献综述 ………………………………… 003

第二章　宏观经济学的动态模型 …………………………… 011

　第一节　连续时间动态基本模型 ………………………… 011

　第二节　离散时间动态基本模型 ………………………… 016

　第三节　世代交叠模型 …………………………………… 019

第三章　不确定生存期间的模型与寿险需求模型 ………… 027

　第一节　不确定生存期间的动态模型 …………………… 027

　第二节　寿险需求模型 …………………………………… 055

第四章　最优退休时间决定模型 …………………………… 080

　第一节　国外关于退休时间的研究 ……………………… 081

　第二节　适合我国实际情况的最优退休时间研究
　　　　　（连续时间模型） …………………………… 098

　第三节　适合我国实际情况的最优退休时间研究
　　　　　（离散时间模型） …………………………… 125

第五章　寿险需求研究 ……………………………… 142

　第一节　死亡险需求理论分析 ……………… 143

　第二节　生存保险需求理论分析 …………… 157

附　录　最优控制理论 ………………………………… 171

　第一节　连续时间问题 …………………………… 171

　第二节　最大原理 ………………………………… 173

　第三节　离散时间问题 …………………………… 176

参考文献 ……………………………………………… 186

Contents

Chapter 1   Population Aging / 001

Section 1. 1   The Reason for Studying on the Aging
Problem / 001

Section 1. 2   An Overview on Studies of the Aging
Problem / 003

Chapter 2   Dynamic Models in Macroeconomics / 011

Section 2. 1   The Basic Model in Continuous Time / 011

Section 2. 2   The Basic Model in Discrete Time / 016

Section 2. 3   Overlapping Generation Model / 019

**Chapter 3   The Models with Uncertain Lifetime and
Life Insurance Demands** / 027

Section 3. 1   The Model with Uncertain Lifetime / 027

Section 3. 2   Studies on Demands of Life Insurance / 055

Chapter 4   Optimal Retire time / 080

Section 4. 1   A Model on Optimal Retire Time / 081

Section 4. 2   A Study on Optimal Retire Time Based on
Analysis of Our Country（A Continuous
Time Model）/ 098

Section 4. 3   A study on Optimal Retire Time (A Discrete Time Model) / 125

Chapter 5   A Study on the Demands of Life Insurance / 142

Section 5. 1   A Theoretical Analysis on the Demands of Life Insurance / 143

Section 5. 2   A Theoretical Analysis on the Demands of Life Annuities / 157

Appendix   Optimal Control Theory / 171

Section A. 1   The Problems in Continuous Models / 171

Section A. 2   Maximum Principle / 173

Section A. 3   The Problems in Discrete Models / 176

Reference / 186

第一章　人口老龄化问题

第一节　研究背景

人口老龄化问题是世界先进国家一直面临的重大问题。人口的老龄化不但给一个国家的经济，甚至给世界的经济都带来了非常大的影响。年轻人口的比例下降，导致纳税人口下降，而老年人口的上升又造成养老保障支出的上升，现收现付制的养老系统面临崩溃，造成养老金的巨大缺口，使得国家财政中很大比例的资金用于养老福利，从而减少了在科学技术创新和生产方面的投资。年轻人口比例的下降会影响劳动力的供给、科学技术的创新、国家的保卫等，还会引起商品需求的改变。在老龄化社会中，内需会下降，同时，老年服务需求和医疗费用会上升，这样，它会使整个经济中的供求关系都发生改变。而且，一旦进入老龄化社会，要想改变这种状态需要很长的时间（因为从孩子出生到其能成为劳动力对社会做出贡献需要很长时间）。因此，人口老龄化对经济的影响是巨大而深远的。那么，从经济学的角度对人口老龄化进行分析就是十分重要的课题。改善社会老龄化的状况、减轻老龄化的程度、减缓老龄化的发展速度，以及在老龄化状况下，如何使国家财政能够支撑，如何使老年人能够老有所养都是亟待解决的问题。

我国已经步入了老龄化社会，不同于世界先进国家，我国正处于经济发展时期，还属于发展中国家。我国的独生子女政策，使我国比其他先进国家更快地完成了人口转换，过早地进入了老龄化社会，过早地背上了养老的沉重负担。先进国家是在经历了长期高速的经济发展和工业化之后走向老龄化，国家和老人们都积累了一定的财富，尚且很难应付老龄化社会的养老需求，而我国的大多数老人还没有积累一定的财富就步入了老年阶段，这更增加了年轻一代与国家的负担。所以，对比国外的老龄化研究，我国人口老龄化的问题更加严重和紧迫，是我国经济发展亟待解决的问题。

研究人口老龄化问题，首先应该有理论研究的基础，在理论研究的基础上，进行对策分析，之后再进行实证分析。现有的国外理论研究有很多没有解决的问题，而且很多模型与我国的实际情况并不相符。所以，根据我国的实际情况做出理论模型是十分必要的。因为如果一味照搬国外的模型，套用我们的数据进行分析，会得出不适合我国情况的结论，造成政策上的失误。而我国现有的关于人口老龄化的研究多是实证方面的研究，即使使用模型也多是套用国外的模型，因此本书首先要填补理论模型研究上的空白。

本书的研究内容和方法如下。根据我国的实际情况，首先做出经济模型，使用动态最优化理论求解，并分析最优路径的趋势和稳态等问题。对这些模型进行数学分析之后，再对人口老龄化的相关对策进行分析。

本书在模型的研究和动态系统的分析、求解方面有所突破。国外现有文献大多使用确定性的动态模型，而人的寿命是不确定的，在考虑接受教育、生育、工作和退休及缴纳养老保险的选择时，都要面对寿命的不确定性。本书的理论模型在不确定寿命的情况下，使用随机动态最优化来解决人口老龄化下的各种选择问题。

在研究人口老龄化问题上，出生率的下降和期望寿命的延长是人口老龄化的根本原因，但因为笔者将在另外的书中做专门的研究，因而在本书中舍弃这部分内容。2016 年，我国的人口政策发生了改变，全面两孩政策正式实施，这会在原则上改变我国连续三十几年的低出生率的状况，但是否可以从根本上解决低生育率的问题还不确定。从很多先进国家的经验来看，鼓励生育的政策都没有显著的效果，一旦进入老龄化社会就很难提高生育率，很难改变人口老龄化的状况。在我们国家，大家庭、多子女状态的结束是在实行独生子女政策以后，只有三十几年的时间，实行观念上的改变也许还来得及。期望这一人口政策的改变可以在一定程度上延缓人口老龄化的发展速度。

第二节　国内外文献综述

为什么会有人口老龄化社会？人口老龄化是指生育率的下降造成年轻一代人口减少，医疗技术的进步、生活水平的提高造成生存期望上升，从而造成老年人口与年轻人口的比例失调。关于生育率和人口转换的问题，国际上有很多这方面的研究。马尔萨斯认为人口按几何级数增长，限制人口的是有限的可用资源，特别是土地。相对于可用土地的人口越少，人们就越富裕，而这样，人口就会越快地增长，这样，人均土地就会下降，人们就会走向贫穷。

马尔萨斯在模型中分析了环境的改变如何影响人们的收

入和人口。在一定的人口规模下，假设存在某些技术变革，提高了生产力，提高了给定数量土地的粮食产量。这样，人均收入上升，生活水平提高，人们会生育更多的子女。

但马尔萨斯模型并不适用于现在的世界。先进国家中出现了经济增长一开始导致一个阶段的人口增长，但以后又出现人口增长速度下降的现象。很多经济学家对这样的人口转移现象做了理论分析。著名的有 Galor and Weil（2000），他们在世代交叠模型中提出以经济发展为特征的人口转移的 3 个阶段：马尔萨斯期、后马尔萨斯期和现代增长期。在马尔萨斯期，技术进步缓慢，人口的增长减少了人均收入。在后马尔萨斯期，由于技术进步水平的上升，人口增长只部分减少了人均收入的增长，而收入与人口的增长成正比。在现代增长期，收入与人口的正相关关系逆转，社会走向人口增长速度的下降与持续的收入增长。

而进一步说明现代增长期出生率下降的文献有很多。著名的有 Becker and Barro（1988），Barro and Becker（1989），Becker, Murphy and Tamura（1990），Galor and Weil（1996）等。特别是 Galor and Weil（1996），使用世代交叠模型，认为经济的发展造成女性工资上升，从而造成生孩子机会成本的上升，进一步造成出生率的下降。研究人口、出生率的文献多数是使用世代交叠模型，这一模型有其容易求解的好处，但是也存在一些问题，如忽视了父母对子女的爱，同时忽视了资本过度积累的动态效率问题。

与大多数有关出生率的文献不同，Barro and Becker（1989）使用了离散时间的动态经济增长模型，来分析出生率与经济增长和其他经济因素之间的关系。他们的模型没有世代交叠模型的缺点，但是有两个薄弱的地方：一是他们在模型中将出生率的幂函数作为贴现率，使得经济在一个阶段就一跃而达到均衡；二是他们模型中的最佳路径不是唯一的，这就使得模型无法用于经济分析。Benhabib and Nishimura（1989）将生产函数具体化，把贴现率定义为出生率的凹函数，资本积累的最佳路径或单调地或振动地收敛于长期均衡点。但是，他们仍然没有改变最佳路径不唯一的状况。Qi and Kanaya（2010）改进了 Barro-Becker 的模型，在较弱的条件下保证了模型中最佳路径的唯一性，解决了值函数的存在性和凹性、最佳路径的单调性、稳态的存在性和唯一性等一系列自模型提出以来没有解决的问题。Qi（2002）研究了在家庭内男女分工的基础上，随着女性人力资本的提高，女性在具有了加入社会生产活动的能力之后，为使家庭效用最大化而选择参加社会生产活动，而减少孩子的出生，从而造成了出生率下降的情况。

笔者在《内生出生率与养老金》一书中对 Qi（2002）的模型进行了改善，考虑了父母抚养孩子时由于孩子的成长和孩子对自己的爱而产生的效用上的增加，对人力资本积累达到一定程度后出现的出生率降低的现象进行理论分析，同时对抚养孩子的费用、工作压力等进行分析，得出即使放开独生子女政策（每个家庭可以生两个孩子）也不会造成人口陡然上升的情况。当时还没有实施"单独二孩"的政策，政策实施以来的数字表明，该书的结论是正确的。这方面的最新统计结果见刘鸿雁和黄匡时（2015）。

以上的所有结果都表明，生育率随着经济发展而下降在先进国家是普遍的现象，因此，人口老龄化是经济发展的必然结果。因而，研究老龄化的对策是十分必要的。

关于生育率的问题，笔者将另外做专门的分析。本书着重对目前老龄化面临的困难进行分析，并就如何克服这些困难提出对策。在诸多关于人口老龄化的对策方面，主要有关于如何养老的问题，即社会养老保障资金的充足性问题，以及个人在社会养老保障的基础上如何制订自己的养老计划，实行社会养老与商业养老相结合的计划，自己进行储蓄和投资来充实自己退休后的资金来源。在这方面，既有国家政策层面的问题，即关于退休时间和社会养老保障基金是否充实的问题，还有个人的决策问题。本书主要从个人层面来分析退休时间和商业养老的选择问题。第一，如果国家晚退休的政策与个人晚退休的选择一致，则既能缩短领取养老金的年限，减少领取养老金的金额，给国家的财政减轻负担，又与个人为养老准备的计划相一致，这样于国于民都是有利的。第二，合理地计划自己的消费，进行储蓄和购买商业养老保险，在社会养老保障的基础上，在年轻时为自己退休后的生活打下基础，对减轻国家的养老负担有利，也对自己有利。

以下，对本书将重点讨论的问题在国际上的相关研究加以详述。

第一，在生存的不确定性下，消费与劳动供给方面的研究。

Chakraborty（2004），Bettendorf and Heijdra（2006）导入了内生死亡率，研究了死亡率与经济增长、教育、人力资本增长之间的关系，但没有考虑死亡的不确定性。Chakraborty（2004）在两个期间的世代交叠模型中导入内生死亡率，从第一期间到第二期间的生存概率依赖于因公共投资而增加的健康资本。由于生存的短暂性，人们更重视现时的消费，而不重视对将来的投资，因此死亡率高的社会，经济不能够快速增长。健康扮演着与其他人力资本不同的角色：寿命的增加使个人更加具有耐性，并且更加积极投资，死亡风险的减少使投资收益提高。

Satchell and Thorp（2011）研究了在生存不确定的情况下，家庭的最优消费问题。关于劳动供给选择问题的文献很少。Bodie，Merton and Samuelson（1992）使用伊藤方程，研究了劳动供给的敏感性和投资组合的选择问题，但是重点研究了未退休时选择余暇时间的问题，没有涉及退休年龄和年金的问题。Kalemili-Ozcan and Weil（2010）在个人的期望生存年限中选择他的退休年龄，从而分析长寿对退休年龄的影响。他们分析了生存期望的上升对退休年龄的影响，提出了当生存期望较低时退休的年龄会升高，甚至不退休直至死亡。而当生存期望较高时，存在一个低于不确定的死亡年龄的退休年龄。随着生存期望的上升，计划的退休年龄下降。他们虽然使用了生存期望，但为了避免数学上的复杂性，他们研究的不是动态模型，因此无法分析资本积累等动态的经济变化对退休年龄的影响，而且工资水平是不变的外生参数，退休后的养老金与工资水平无关，这些假设与我国的现实不符。因此，要在适合我国国情（工资随工龄而变化）的情况下，研究个人在长寿的预期下，选择自己的最佳退休年龄的问题。政府可以在个人选择的最佳退休年龄的基础上，考虑延迟退休的年龄问题，制定相应的政策，既保证财政的正常运转，又与个人的选择没有太大的冲突。还要分析退休年龄的选择对失业率和经济的影响，这对我国现在是否推迟退休年龄、多大年龄合适、何时开始延迟退休、如何具体实行等问题的讨论有着现实意义。

第二，养老保险、养老保障方面的研究。

在这方面有很多国际和国内的文献，尤其是国内的文献很多。在这里把研究老龄化的文献也列在这一项里，因为凡是研究老龄化的文献，都要涉及养老保障系统改革等方面的内容。著名经济学家 Weil（2006）系统地分析了人口老龄化对经济的影响；Bettendorf and Heijdra（2006）研究了了国际贸易框架下一个国家的老龄化对养老保障系统和储蓄的影响；Finlay（2006），Blackburn and Cipriani（1998）利用世代交叠模型研究了出生率、健康、长寿与经济增长之间的关系。

在国际上众多的文献中，Barr and Diamond（2006）讨论了养老保障系统的功能，养老保障系统对经济的影响、对劳动市场的影响，退休年龄的提高对失业率的影响和养老保障由现收现付制向基金供款计划的转向等问题。

Aidt，Berry and Low（2008）使用世代交叠模型对养老金系统进行了理论分析，研究了动态效率性、退休决定、养老金计划的可持续性和先进国家的养老金改革等问题。

Nickel et al.（2008）研究了欧洲的老龄化和养老金系统的情况，由于人口老龄化，在过去的40年中，对年轻人收入所征税金的上升已经使得劳动力市场发生扭曲，产生了加入率变低的问题。这篇文章提出了公共养老金系统新的改革方案，并对其对经济的影响进行了分析。

以上文献虽然总结了 OECD 国家养老金改革的经验，但不一定适合我国的实际情况，我国正在步入小康社会，并没有先进国家那样的财富积累，所以，不能完全照搬国外的经验，要进行符合我国实际情况的理论模型研究。

关于我国养老保障系统改革的文献很多。王晓军（2000）、周渭兵（2004）、郑秉文（2012，2013）、魏吉漳（2014）等都研究了我国的养老金缺口及测算等问题。这些文献从我国实际情况出发，从精算的角度分析了我国养老保障系统存在的可持续性问题。但是从经济整体的角度分析养老保障系统改革对我国经济增长的影响的文献却很少。我们关于这方面的理论研究就是要填补相关的空白。

由于我国过早步入老龄化社会，我们的财政积累和今后年轻人所缴纳的税金不足以支持过于庞大的老年人的医疗和养老金需求，所以我们需要大力发展养老的第三支柱——商业养老保险。那么，就要分析商业养老保险的需求问题。关于这方面的理论研究，Yaari（1965）最先考虑了在生存期间不确定的情况下，最佳消费与寿险加入等问题。他使用动态最优化理论，分析了在寿命不确定性下的动态最优消费路径和寿险对最优消费的影响等问题。但他研究的是美国发行的寿险，没有涉及商业养老保险的问题，而我国发行的寿险与美国有所不同。Fischer（1973）使用离散时间模型研究了在寿命不确定的情况下，最优消费、储蓄和购买保险的问题，得到了寿险的需求函数。但他没有涉及人口老龄化的问题，也没有涉及社会养老保障。Blanchard（1985）在宏观层面分析了人的有限生存期间对经济和利息率的动态影响，以及政府的财政政策对利息率和经济的影响。这三篇文章都没有给出详细的数学解法，本书所做的工作首先是给出了这三篇最有影响力的文章中模型的详细解法和证明。

在此基础上，笔者做出了最优退休时间选择的连续时间模型和离散时间模型，使用离散时间模型，分析了早退休和晚退休，在人口不变、人口增加和人口减少的情况下对整体经济的影响。

解决人口老龄化的最关键问题是出生率的问题，我国实施全面两孩政策才一年多，讨论这一问题还为时过早，我们会在以后专门研究这个问题。那么，在本书后面的章节中，我们将研究最现实、最紧迫的问题，那就是退休时间和养老金的第三支柱即商业养老保险的问题。由于笔者以前的研究集中在生育率和人口转换方面，对退休时间的最优选择及商业养老保险的需求等是初次研究，所以先从国际上已有的比较著名的研究开始，在此基础上构建自己的模型。

第二章　宏观经济学的动态模型

我们要做出自己的关于人口老龄化的研究模型，首先就要研究国际上已经有了哪些模型，哪些模型并不适合我国的实际情况，从而对这些方面做出相应的改进。我们在这一章要做最基本的准备，也就是先了解在宏观经济学中有哪些最基本的模型，因为国际上相关文献中的模型都是由这些基本模型改建而成的。

在这一章中，讨论宏观经济学的一些基本动态模型。第一节介绍宏观经济学中经济增长论的连续时间模型，第二节简单介绍离散时间的宏观经济学增长论模型，第三节介绍第四、第五章要用到的世代交叠模型。

第一节　连续时间动态基本模型

在这一节中，主要讨论 Ramsey 模型，这一模型于 20 世纪 20 年代末期被开发出来，但直到最大值原理被发现之前，这一模型都没有办法求解。苏联数学家 Pontryagin 的最大值原理传到西方世界后，最优控制理论被广泛应用于宏观经济学的研究，形成了宏观经济学研究的繁荣。而 Ramsey 模型是研究连续时间动态问题的基本模型，它假设一个永远存在的经济，在其中，有代理人或家庭，假设他们是永远存在的

（虽然人的寿命是有限的，但他们的子孙会繁衍，就像人会永远存活一样），他们的效用为：

$$\int_0^\infty u[c(t)]e^{-\rho t}\mathrm{d}t \tag{2.1}$$

其中，$c(t)$表示个人 t 期的消费，$u[c(t)]$ 是瞬时消费函数，而 $e^{-\rho t}$ 是贴现率。对于每个人，一般假设他不可以借贷，那么他每个时刻的消费都要满足预算约束：

$$\dot{k} = w(t) + [r(t) - \delta]k(t) - c(t) \tag{2.2}$$

这里，$w(t)$表示工资率，$r(t)$表示利息率，δ 表示资本损耗率。

在这一模型中，假设商品只有一个，它既用于消费也用于投资。个人拥有劳动力和资本，劳动力全部用于生产，资本也投资于生产。收入减去消费的剩余全部用于投资。这是最基本的经济增长模型，假设人口的增长率是固定的、外生的。当后来的经济学家把人口增长率从固定的、外生的调整为内生时，就有了人口经济学。当改变全部人口都进行生产的假设时，就有了考虑失业率的模型。当在效用函数中加入闲暇时，就有了劳动供给是弹性的模型。当考虑投资只有一部分投入生产时，又有了资本损耗率不是常数的模型。总之，为了研究一些特殊问题而改变定式假设所形成的模型基本上是由这一模型而来。如果改变个人是无限生存的假设，引进死亡概率，就会有不确定性的效用函数模型。

个人面临在预算约束下使其一生的效用最大化的问题：

$$\max\int_0^\infty u[c(t)]e^{-\rho t}\mathrm{d}t$$

$$\text{s. t. } \dot{k} = w(t) + [r(t) - \delta]k(t) - c(t)$$

而企业面临进行生产使利润最大化的问题：

$$\max\{F[K(t),L(t)] - w(t)L(t) - r(t)L(t)\}$$

这里设商品的价格为1，得到利润最大化的一阶条件：

$$\frac{\partial F}{\partial K} = r \qquad (2.3)$$

$$\frac{\partial F}{\partial L} = w \qquad (2.4)$$

在新古典派经济增长模型中，假设生产函数为 K 与 L 的一次齐次函数，即有：

$$F(\lambda K, \lambda L) = \lambda F(K,L), \ \lambda > 0$$

由欧拉定理，$\frac{\partial F}{\partial K}K + \frac{\partial F}{\partial L}L = F(K,L)$。把一阶条件代入上式，得到 $rK + wL = F(K,L)$，即 $F(K,L) - rK - wL = 0$，即最大利润为0。

由一次齐次函数的定义，$F(K,L) = LF\left(\frac{K}{L},1\right)$，定义 $f(k) = F\left(\frac{K}{L},1\right)$，得到 $F(K,L) = Lf(k)$，其中 $k = \frac{K}{L}$，意为人均资本。那么人均产出就表示为 $f(k)$。由 $rK + wL = F(K,L)$，得到 $Lf(k) - rK - wL = 0$，即 $f(k) = rk + w$。

把它代入个人的预算约束式，得到：

$$\dot{k} = f(k) - \delta k(t) - c(t) \qquad (2.5)$$

由于生产函数的一次齐次性，$F(K,L) = Lf(k)$，我们可以改写式（2.4）和式（2.5）为：

$$r = Lf'(k)\frac{1}{L} = f'(k) \qquad (2.6)$$

和

$$w = f(k) - Lf'(k)\left(-\frac{K}{L^2}\right) = f(k) - kf'(k) \qquad (2.7)$$

由福利学第二定理，我们可以把分散经济问题，也就是完全竞争的均衡问题转化为中心计划者经济问题来解。考虑以下最优化问题：

$$\max\int_0^\infty u[c(t)]e^{-\rho t}\mathrm{d}t$$

$$\text{s. t. } \dot{k} = f[k(t)] - \delta k(t) - c(t)$$

设哈密尔顿函数为：

$$H = u[c(t)]e^{-\rho t} + \lambda(t)\{f[k(t)] - \delta k(t) - c(t)\}$$

由最大值原理，得到：

$$u'(c)e^{-\rho t} = \lambda \qquad (2.8)$$

$$\dot{\lambda} = -\lambda[f'(k) - \delta] \qquad (2.9)$$

同时得到横截条件：

$$\lim_{t\to\infty} e^{-\rho t}\lambda(t)k(t) = 0 \qquad (2.10)$$

由式（2.8）对 t 求导，得到：

$$\dot{\lambda} = u''(c)\dot{c}e^{-\rho t} - \rho u'(c)e^{-\rho t} \qquad (2.11)$$

由式（2.8）和式（2.9）得到：

$$-\lambda[f'(k) - \delta] = u''(c)\dot{c}e^{-\rho t} - \rho u'(c)e^{-\rho t}$$

即

$$u'(c)e^{-\rho t}[f'(k) - \delta] = \rho u'(c)e^{-\rho t} - u''(c)\dot{c}e^{-\rho t}$$

得到：

$$-\frac{u''(c)c}{u'(c)}\frac{\dot{c}}{c} = f'(k) - \delta - \rho \qquad (2.12)$$

令 $u(c) = \dfrac{c^{1-\theta}-1}{1-\theta}$，得到：

$$u'(c) = c^{-\theta}$$

$$u''(c) = -\theta c^{-\theta-1}$$

代入式（2.12），得到：

$$\frac{\dot{c}}{c} = \frac{f'(k) - \delta - \rho}{\theta} \qquad (2.13)$$

当 $f'(k^*) = \delta + \rho$ 且 $c^* = f(k^*) - \delta k^*$ 时得到稳态 (k^*, c^*)。

把式（2.3）和式（2.10）在稳态点附近展开，得到：

$$\dot{k} = [f'(k^*) - \delta](k - k^*) - (c - c^*)$$

$$\dot{c} = \frac{f''(k^*)c^*}{\theta}(k - k^*) + \frac{f'(k^*) - \delta - \rho}{\theta}(c - c^*)$$

即

$$\begin{pmatrix} \dot{k} \\ \dot{c} \end{pmatrix} = \left\{ \begin{array}{cc} \rho & -1 \\ \dfrac{f''(k^*)[f(k^*) - \delta k^*]}{\theta} & 0 \end{array} \right\} \begin{pmatrix} k - k^* \\ c - c^* \end{pmatrix}$$

加科比行列式的值为 $\dfrac{f''(k^*)[f'(k^*) - \delta k^*]}{\theta} < 0$，而迹为

$\rho > 0$。

考虑特征方程

$$\left| \begin{array}{cc} \lambda - \rho & 1 \\ -\dfrac{f''(k^*)[f'(k^*) - \delta k^*]}{\theta} & \lambda \end{array} \right| = \lambda^2 - \rho\lambda$$

$$+ \frac{f''(k^*)[f'(k^*) - \delta k^*]}{\theta}$$

常数项的第一个因子为负，第二个因子为正，因而常数项为负。由于两个特征根的乘积等于特征方程的常数项，所以必有一正一负的两个特征根，因而是鞍点稳定的。

在这个模型中，不存在永久的人均资本和人均产出的增长。因为在稳态 $\dot{k}=0, \dot{c}=0$。由于 $\dot{y}=f'(k)\dot{k}$，所以在稳态，也有 $\dot{y}=0$。为了解释增长的持续性，人们试图通过外生的技术进步提高了劳动效率来解释经济增长的动力问题。但是，技术进步是外生的，这样的解释仍然不能说明经济内部的增长机制问题。后来，在一个部门的模型中引入了 Ak 模型，其中 A 是常数，即

$$y = Ak$$

这样，人均产出不含收益递减的部分。由此，式（2.10）变为：

$$\frac{\dot{c}}{c} = \frac{A - \rho - \delta}{\theta}$$

当 $A > \rho + \delta$ 时，$\frac{\dot{c}}{c} > 0$，即人均消费以一常数增长率持续增长。为了在人均资本很小时，更能与实际情况相符合，又提出 $y = k^{\alpha} + Ak$ 的人均生产函数，当 k 很大时，第二项起主要作用，当 k 很小时，第一项起主要作用，是收益递减的。

Lucas 提出了内生增长的模型，用两个部门的模型，加入人力资本来解释内生的经济增长的动力问题。

第二节　离散时间动态基本模型

离散时间的动态模型也是宏观经济学中研究经济增长等

问题的重要模型。在这里主要考虑一个部门的经济增长模型，因为我们在以后的各章中只使用一个部门的模型。一个部门的模型也是最简单的模型。在一个部门的经济增长模型中，假设只有一种商品被生产，这种商品可用于消费也可以用于投资。这一模型中假设代表的消费者可以无限期地生存，所以他的目标函数为无限期的效用函数。为了区分不同期间的效用，就要把各期的效用用零期，即模型最开始的期间的效用来核算。最简单的无限期间的效用函数是可加性效用函数，它把各期的效用相加得到无限期间的效用。考虑复利的方法，在各期乘以不同的贴现因子，相加构成代表的消费者一生的效用在零期的贴现值，得到消费者的目标函数。在最简单的模型，也是最早研究的模型中，贴现率是一个小于 1 的常数，通常记为 β。那么，目标函数为：

$$\sum_{t=0}^{\infty} \beta^t u_t(c_t)$$

其中，c_t 为消费者在 t 期的消费，而 u_t 为消费者在 t 期的消费函数，通常，为使模型简化，设各期的消费函数都相同。

在这一模型中，使用新古典派的生产函数。一般使用柯布 - 道格拉斯函数：

$$F(K,L) = AK^{\alpha}L^{1-\alpha}$$

其中，K 表示资本，L 表示劳动力的投入。只考虑资本的投入时，常假设生产函数为如下形式：

$$f(k) = Ak^{\alpha}, 0 < \alpha < 1$$

这样，生产函数是凹函数。而且，一定存在 k^*，使得 $f(k^*) = k^*$。而且当 $k > k^*$ 时，有 $f(k) < f(k^*)$；当 $k < k^*$ 时，

有 $f(k) > f(k^*)$。

鉴于生产函数的以上性质，我们可以考虑资本和产出是有界的。由于消费满足以下不等式：

$$c_t \leq f(k_t), \ t = 1, \cdots$$

因而可选择的消费的集合也是有界集合。由于产出还要用于下一期的投资，所以实际上

$$c_t \leq f(k_t) - k_{t+1}$$

这是假设投资后的资本会完全消耗的情况，如果假设消耗率 $\delta < 1$，模型又会变为：

$$c_t \leq f(k_t) - k_{t+1} + \delta k_t$$

为了简便，我们还是假设前者，因为在没有特殊说明关于消耗率带来的影响的情况下，还是使用简单的模型为好。

模型中对于效用函数，还假设稻田条件成立即：

当 $c \rightarrow 0$ 时 $u'(c) \rightarrow \infty$

而又有

$$\lim_{c \rightarrow \infty} u'(c) = 0$$

由于这一条件，内部解才成为最优解，即每个期间下式都成立：

$$0 < c_t < f(k_t), \ t = 1, \cdots$$

又由于生产函数的形式，在 $0 < k \leq k^*$ 的区间内生产是最有效率的。因此，可以把产出限制在一个有限区间内。这样，上面的无限期间最优化的问题就一定有最优解存在。而上面问题的效用函数是凹函数，生产函数也是凹函数，由福利经济学第二定理，以上帕累托最优化问题的解也是完全竞

争状态下市场均衡的解。由于求解市场均衡比较复杂，我们可以假设中心计划者存在，他一切为了社会福利的最大化，从而得到完全竞争的市场均衡解。

由于生产函数和效用函数是严格递增的，又可以得到资本的最佳路径是单调递增的，即 $\{k_t\}_{t=0}^{\infty}$ 是递增序列，必有极限，而且

$$\lim_{t \to \infty} k_t = k^*$$

这些就是一个部门，生产函数是柯布－道格拉斯函数，而且是 $\alpha < 1$ 齐次函数时的结果。这时并没有产生经济的持续增长。

第三节　世代交叠模型

在离散时间的动态模型中，世代交叠模型是使用很多的模型，特别是在社会养老保障等问题的研究中，多数使用这一模型。该模型之所以得到广泛应用是因为它可以研究由个人储蓄支撑的生命循环（life cycle）和总资本积累，政府对资本存量的影响和各不同世代间的福祉也很容易研究。这个模型可以扩展到遗产研究，包括自愿和不自愿的。这一模型还有容易解的优点。

这一模型提供了一个例子：动态的完全竞争均衡不一定是帕累托最优的。

1. 消费者问题

在 t 时刻诞生的世代生存两个时期：青年期 t 期及老年期 $t+1$ 期。每个时期只有两个世代生存。在青年期，t 世代工

作、消费并储蓄，在老年期，他们消费掉所有储蓄，并在期末死亡。设青年期的消费为 c_t^y，老年期的消费为 c_{t+1}^o。父母一代对下一代是非利他的，他们并不给下一代留任何遗产。所以 t 世代在他们的青年期工作，得到工资 w_t。他们消费并储蓄，预算约束为：

$$w_t = c_t^y + s_t \tag{2.11}$$

在老年期，他们把所有的积蓄用于消费：

$$c_{t+1}^o = (1 + r_{t+1})s_t \tag{2.12}$$

消费者最大化他的生涯效用：

$$U_t = \frac{(c_t^y)^{1-\theta} - 1}{1 - \theta} + \frac{1}{1 + \rho} \frac{(c_{t+1}^o)^{1-\theta} - 1}{1 - \theta}$$

把预算约束代入效用的表达式，得到关于储蓄的一阶条件：

$$-(w_t - s_t)^{-\theta} + \frac{(1 + r_{t+1})^{1-\theta} s_t^{-\theta}}{1 + \rho} = 0 \tag{2.13}$$

两边同除以 $s_t^{-\theta}$，得到：

$$\left(\frac{w_t}{s_t} - 1\right)^{-\theta} = \frac{(1 + r_{t+1})^{1-\theta}}{1 + \rho}$$

$$\left(\frac{w_t}{s_t} - 1\right)^{\theta} = \frac{1 + \rho}{(1 + r_{t+1})^{1-\theta}}$$

$$\frac{w_t}{s_t} - 1 = \frac{(1 + \rho)^{\frac{1}{\theta}}}{(1 + r_{t+1})^{\frac{1-\theta}{\theta}}}$$

$$\frac{w_t}{s_t} = 1 + \frac{(1 + \rho)^{\frac{1}{\theta}}}{(1 + r_{t+1})^{\frac{1-\theta}{\theta}}}$$

继而得到：

$$s_t = \frac{w_t}{1 + \frac{(1 + \rho)^{\frac{1}{\theta}}}{(1 + r_{t+1})^{\frac{1-\theta}{\theta}}}} \tag{2.14}$$

而由式（2.13），得到：

$$\left(\frac{c_t^y}{c_{t+1}^o}\right)^{-\theta} = \frac{1 + r_{t+1}}{1 + \rho}$$

即

$$\frac{c_{t+1}^o}{c_t^y} = \left(\frac{1 + \rho}{1 + r_{t+1}}\right)^{\frac{1}{\theta}} \tag{2.15}$$

由式（2.14）可以看出储蓄是工资率的递增函数，保证了商品是正常商品。当 $\theta < 1$ 时，储蓄是利息率的递增函数；当 $\theta > 1$ 时，储蓄是利息率的递减函数；当 $\theta = 1$ 时，利息率的变化不影响储蓄。

2. 生产方面

企业要达到利润最大化，假设生产函数是一次齐次函数，即 $F(\lambda K, \lambda L) = \lambda F(K, L)$。

由此，可把生产函数化为：

$$F(K_t, L_t) = L_t f(k_t)$$

由利润最大化 $\pi = L_t f(k_t) - w_t L_t - r_t K_t$，得到一阶条件

$$r_t = f'(k_t) \tag{2.16}$$

$$w_t = f(k_t) - k_t f'(k_t) \tag{2.17}$$

3. 均衡

式（2.16）和式（2.17）是要素市场均衡的条件，而商

品市场的均衡条件为

$$K_{t+1} = L_t s(w_t, r_{t+1})$$

即

$$\frac{K_{t+1}}{L_t} = s(w_t, r_{t+1})$$

或

$$\frac{K_{t+1}}{L_{t+1}} \frac{L_{t+1}}{L_t} = s(w_t, r_{t+1})$$

得到:

$$(1+n)k_{t+1} = s(w_t, r_{t+1})$$

即

$$k_{t+1} = \frac{1}{1+n} s[f(k_t) - k_t f'(k_t), f'(k_{t+1})] \qquad (2.18)$$

我们得到:

$$\mathrm{d}k_{t+1} = \frac{1}{1+n}\{s_w[-f''(k_t)]\mathrm{d}k_t + s_r f''(k_{t+1})\mathrm{d}k_{t+1}\}$$

$$\left[1 - \frac{s_r f''(k_{t+1})}{1+n}\right]\frac{\mathrm{d}k_{t+1}}{\mathrm{d}k_t} = -\frac{s_w f''(k_t)}{1+n}$$

即

$$\frac{\mathrm{d}k_{t+1}}{\mathrm{d}k_t} = -\frac{s_w f''(k_t)}{1+n-s_r f''(k_{t+1})}$$

当稳态时,

$$k^* = \frac{1}{1+n} s[f(k^*) - k^* f'(k^*), f'(k^*)]$$

当 $\theta = 1$，实际上就是 $u(c) = \ln c$ 时，

$$s^* = \frac{w^*}{2 + \rho}$$

再令生产函数为 $f(k) = Ak^{\alpha}$，$f'(k) = \alpha Ak^{\alpha-1}$，那么

$$w = f(k) - kf'(k) = (1 - \alpha)Ak^{\alpha}$$

$$s^* = \frac{(1 - \alpha)Ak^{*\alpha}}{2 + \rho}$$

代入稳态的表达式，得到：

$$k^* = \frac{(1 - \alpha)Ak^{*\alpha}}{(1 + n)(2 + \rho)}$$

继而得到：

$$k^* = \left[\frac{(1 - \alpha)A}{(1 + n)(2 + \rho)}\right]^{\frac{1}{1-\alpha}} \tag{2.19}$$

而若统筹决定储蓄时，经济中的资本存量为：

$$K_{t+1} - (1 - \delta)K_t = F(K_t, L_t) - C_t \tag{2.20}$$

而

$$C_t = c_t^y L_t + c_{t-1}^o L_{t-1}$$

由式（2.20），得到：

$$\frac{K_{t+1}}{L_t} - (1 - \delta)\frac{K_t}{L_t} = f(k_t) - \frac{C_t}{L_t}$$

即

$$k_{t+1}(1 + n) - (1 - \delta)k_t = f(k_t) - c_t^y - c_{t-1}^o \frac{1}{1 + n} \tag{2.21}$$

在稳态时，

$$k_t = k_{t+1} = \cdots = k^*$$

$$c_t^{*y} = c_{t+1}^{*o} = c^*$$

因而，

$$c^*\left(1 + \frac{1}{1+n}\right) = f(k^*) - (n+\delta)k^*$$

即

$$c^* = \frac{f(k^*) - (n+\delta)k^*}{1 + \dfrac{1}{1+n}}$$

要使 c^* 达到最大，就应该有：

$$f'(k^*) - (n+\delta) = 0$$

这被称为黄金率。那么，令 $f(k) = Ak^\alpha$，应有：

$$f'(k) = \alpha Ak^{\alpha-1}$$

得到：

$$\alpha Ak^{*\alpha-1} = n + \delta$$

即

$$k_g^* = \left(\frac{\alpha A}{n+\delta}\right)^{\frac{1}{1-\alpha}}$$

当 $\dfrac{(1-\alpha)}{(1+n)(2+\rho)} > \dfrac{\alpha}{n+\delta}$ 时，应有 $k^* > k_g^*$

也就是存在着过度储蓄。这是因为模型设定，要保障退休后老年的生活，只有储蓄这一个办法，当经济发展，人均资本较高时，由于边际产品递减，利息率应该不断降低，为了保障自己的老年生活，人们只能增加储蓄，因而造成了过度储蓄。

计算

$$\frac{(1 - \alpha)}{(1 + n)(2 + \rho)} > \frac{\alpha}{n + \delta}$$

得到：

$$\alpha \left[\frac{1}{n + \delta} + \frac{1}{(1 + n)(2 + \rho)} \right] < \frac{1}{(1 + n)(2 + \rho)}$$

或

$$\alpha \left[\frac{(1 + n)(2 + \rho) + n + \delta}{(n + \delta)(1 + n)(2 + \rho)} \right] < \frac{1}{(1 + n)(2 + \rho)}$$

因而，当 $\alpha < \dfrac{n + \delta}{(1 + n)(2 + \rho) + n + \delta}$ 时，会有 $k^* > k_g^*$。

在中心计划者经济中，可以有更有效的手段来安排老年人的退休生活。比如，老年一代少储蓄1元，他们在老年期会少 $(1 + r_{t+1})L_t$ 元的收入，但计划者可以从年轻人手里每人拿到1元，那会有 $(1 + n)L_t$ 元，当 $n > r_{t+1}$ 时，t 世代的人的效用会提高，而当 $t + 1$ 世代步入老年时，$t + 2$ 世代会每人给他们1元，这样会有 $(1 + n)L_{t+1}$ 元，当 $n > r_{t+2}$ 时，$t + 1$ 世代的人的效用也不会减少。如此一直下去，在别的世代的效用都不减少的前提下，t 世代的效用得到提高，这就说明在模型中存在着帕累托改善。在世代交叠模型中存在着帕累托改善，那这一模型的均衡就不是帕累托最优的。这个例子说明，在动态的分散经济中，完全竞争均衡不一定会被中心计划者所选用，也就是说其不是帕累托最优的。

在 k 是增加的情况下，收益率是递减的，也就是当 $n >$

r_{t+1} 时，也会有 $n > r_{t+2} > r_{t+3} > \cdots$。因而，其他以后各世代的效用不会减少。

模型还有其他改进，如在模型中加入父母对子女的利他性，即留给子女遗产，那么，t 世代的 t 期的预算约束为：

$$c_t^y + s_t = w_t + b_t$$

$t + 1$ 期的预算约束为：

$$c_{t+1}^o + (1 + n)\, b_{t+1} = (1 + r_{t+1})\, s_t$$

其中，b_t 表示 $t-1$ 世代留给 t 世代的遗产，而 b_{t+1} 是 t 世代留给 $t+1$ 世代的遗产。还有很多考虑出生率变化的关于人口转换的研究和关于保险需求的研究也使用这一模型。

第三章　不确定生存期间的模型与寿险需求模型

在第二章所介绍的宏观经济学的基本动态模型的基础上，改变基本模型的各种假设，就会产生研究各种不同问题的模型。因为第二章的模型是基本模型，是最简单的动态模型，它在建立时有很多假设，以保证它的简单性。改变人口增长是外生的和增长率是固定的假设，就产生了内生出生率，继而产生人口经济学的研究。改变所有人都加入劳动力市场和劳动力市场实现完全雇佣的假设，就产生劳动力供给是有弹性的，继而就有了关于劳动力供给和失业的研究。改变生产出来的产品既可以消费又可以投资的假设，就有了多个部门的研究。而现在，去掉个人永远存活的假设，就有了关于最优退休时间和寿险需求等方面的研究。

第一节　不确定生存期间的动态模型

在这一节中，主要介绍几篇关于不确定生存时间和寿险需求的论文。在对这些论文的介绍中笔者加上了详细的证明和修改。因为，在自己做模型之前，必须对经典模型进行详细的解析和证明，只有对模型有很深刻的了解才能改进已有的模型，使之适合我国的情况，否则会曲解模型的含义。

首先，介绍 Blanchard（1985）关于有限生存期间的论文。作者考虑不同时期出生、不同时期死亡的人的预算约束和效用，得到总计的消费函数，然后进行动态分析。

1. 总计的消费函数

设年龄为 x 的人的余寿为 T_x，瞬间死亡率为 p。首先，要求出余寿的分布密度函数。

T_x 的分布函数为：

$$F_x(t) = p(T_x \leqslant t) = p(X - x \leqslant t / X > x)$$

其中，X 是寿命。而生存函数为

$$S_x(t) = p(T_x > t) = p(X - x > t / X > x) = {}_t p_x$$

即在 x 岁，再存活 t 年的概率。

T_x 的分布密度函数为：

$$f_x(t) = \frac{\mathrm{d}F_x}{\mathrm{d}t} = -\frac{\mathrm{d}S_x}{\mathrm{d}t}$$

由于瞬间死亡率为 p，即死亡力为 p，由死亡力的定义，得到：

$$\frac{f_x}{S_x} = p$$

即

$$\frac{-\dfrac{\mathrm{d}S_x}{\mathrm{d}t}}{S_x} = p$$

两边关于 t 积分，得到：

$$\ln S_x(t) = -pt$$

得到：

$$S_x(t) = S_x(0)e^{-pt}$$

由于在 x 岁时人是活着的，所以，寿命 X 比 x 长是必然的，所以 $S_x(0) = 1$，因而

$$S_x(t) = e^{-pt}$$

由于 $f_x(t) = -\dfrac{\mathrm{d}S_x}{\mathrm{d}t}$，所以

$$f_x(t) = pe^{-pt}$$

那么，余寿的期望为：

$$\int_0^\infty tpe^{-pt}\,\mathrm{d}t = -te^{-pt}\big|_0^\infty + \int_0^\infty e^{-pt}\mathrm{d}t = -\frac{1}{p}e^{-pt}\big|_0^\infty = \frac{1}{p}$$

假设没有人口的增长，在 0 时刻出生的一群人，由于死亡率是 p，那么，$\dfrac{\dot{Z}(t)}{Z(t)} = -p$，因而 $Z(t) = Z_0 e^{-pt}$。由于 $Z_0 = p$，因而 $Z(t) = pe^{-pt}$。

那么，在 t 时刻的总人口数是

$$\int_{-\infty}^t pe^{-p(t-s)}\,\mathrm{d}s = e^{-p(t-s)}\big|_{-\infty}^t = 1$$

在没有保险的情况下，死亡的不确定性意味着代理人会留下遗产，即使他们没有留下遗产的意愿。以下假设存在人寿保险公司，代理人可以加入保险，在他们死亡时可以得到一笔赔付。

由于代理人的人数很大，人寿保险公司不会承受很大风

险。在市场自由进出、零利润和死亡率为 p 的条件下，代理人将支付 p，来得到死亡时的支付 1。

在没有遗产遗留的动机下，且若负的遗产被禁止，代理人将签署在他们死亡时将所有遗产交给人寿保险公司的合约。这样，若他们的财富是 w，在其不死亡的情况下，他们将得到 pw，若死亡，则其将支付 w。

另外，还有两个假设：第一，消费的效用函数是对数函数；第二，假设代理人的人力财富是总的人力资本收入除以总人数，即没有不平等存在。

（1）个人消费

把 s 时刻出生的个人在 t 时刻的消费、非利息收入、非人力财富和人力财富记为 $c(s,t),y(s,t),w(s,t)$ 和 $h(s,t)$。令 $r(t)$ 为时刻 t 的利息。s 时刻出生的个人在 t 时刻以后的期望效用为：

$$E_t\left[\int_t^\infty \ln c(s,t)e^{\theta(t-v)}dv\right],\theta \geq 0$$

首先，E_t 表示在时刻 t 的数学期望，$\ln c(s,t)$ 表示在 s 时刻出生的人在 t 时刻的即时效用，而

$$e^{\theta(t-v)} = e^{-\theta(v-t)}$$

为把 t 以后的时刻 v 的效用，贴现到 t 时刻的贴现率。

给定常数的死亡率 p，设唯一的不确定性是死亡的时间，则上面的

$$\max E_t\left[\int_t^\infty \ln c(s,t)e^{\theta(t-v)}dv\right]$$

意味着

$$\max\int_t^\infty \ln c(s,v)e^{(\theta+p)(s-v)}dv \tag{3.1}$$

这是因为，在已存活到 t 的条件下，存活到 v 的条件密度函数为：

$$\frac{pe^{-pv}}{pe^{-pt}} = e^{-p(v-t)} = e^{p(t-v)}$$

而

$$E_t\Big[\int_t^\infty \ln c(s,t) e^{\theta(t-v)} \mathrm{d}v\Big]$$

$$= \int_t^\infty \ln c(s,t) e^{\theta(t-v)} e^{p(t-v)} \mathrm{d}v$$

$$= \int_t^\infty \ln c(s,t) e^{(p+\theta)(t-v)} \mathrm{d}v$$

所以，期望的最大化问题，化为普通的最优化问题。

若代理人在 t 时刻有财富 $w(s,t)$，有利息收入 $r(t)w(s,t)$，从保险公司得到 $pw(s,t)$。他的动态预算约束式为：

$$\frac{\mathrm{d}w(s,t)}{\mathrm{d}t} = [r(t)+p]w(s,t) + y(s,t) - c(s,t) \quad (3.2)$$

为防止代理人无限地借债和买保险来保护自己，需要一个横截条件：若代理人在 v 时刻仍然活着，则

$$\lim_{v\to\infty}\Big[e^{-\int_t^v [r(\mu)+p]\mathrm{d}\mu} w(s,v)\Big] = 0$$

这是因为，如果代理人的财富超过或等于 $e^{\int_t^v [r(\mu)+p]\mathrm{d}\mu} w(s,t)$，也就是说，若个人以非利息收入支撑消费，而让财富不断增长，会有 $y(s,t) - c(s,t) \geq 0$，对任意的 t 成立，即

$$\frac{\frac{\mathrm{d}w(s,t)}{\mathrm{d}t}}{w(s,t)} \geq [r(t)+p]$$

在 $[t,v]$ 上积分，得到：

$$\ln w(s,v) - \ln w(s,t) \geq \int_t^v [r(\mu) + p] d\mu$$

即

$$w(s,v) \geq e^{\int_t^v [r(\mu)+p]d\mu} w(s,t)$$

那么

$$\lim_{v \to \infty} \left[e^{-\int_t^v [r(\mu)+p]d\mu} w(s,v) \right]$$

$$\geq \lim_{v \to \infty} \left[e^{-\int_t^v [r(\mu)+p]d\mu} e^{\int_t^v [r(\mu)+p]d\mu} w(s,t) \right]$$

$$= w(s,t) > 0$$

这样，上面的条件就防止了这种情况。

若上面的条件满足，对预算约束两边积分，即

$$\int_t^\infty c(s,v) e^{-\int_t^v [r(\mu)+p]d\mu} dv = -\int_t^\infty e^{-\int_t^v [r(\mu)+p]d\mu} \left\{ \frac{dw}{dv} - [r(v) + p] \right.$$

$$\left. \times w(s,v) \right\} dv + \int_t^\infty y(s,v) e^{-\int_t^v [r(\mu)+p]d\mu} dv$$

对等号右侧的第一项用分部积分法，整理得到：

$$\int_t^\infty c(s,v) e^{-\int_t^v [r(\mu)+p]d\mu} dv = -\lim_{v \to \infty} \left[e^{-\int_t^v [r(\mu)+p]d\mu} w(s,v) \right] + w(s,t)$$

$$+ \int_t^\infty y(s,v) e^{-\int_t^v [r(\mu)+p]d\mu} dv$$

由 $\lim_{v \to \infty} \left[e^{-\int_t^v [r(\mu)+p]d\mu} w(s,v) \right] = 0$

得到：

$$\int_t^\infty c(s,v) e^{-\int_t^v [r(\mu)+p]d\mu} dv = w(s,t) + \int_t^\infty y(s,v) e^{-\int_t^v [r(\mu)+p]d\mu} dv$$

令 $h(s,t) = \int_t^\infty y(s,v) e^{-\int_t^v [r(\mu)+p]d\mu} dv$

则有：

$$\int_t^\infty c(s,v) e^{-\int_t^v [r(\mu)+p]d\mu} dv = w(s,t) + h(s,t) \qquad (3.3)$$

这一预算约束条件表示 s 时刻出生的人 t 时刻以后的消费在 t 时刻的贴现值，要等于他 t 时刻以后的财富在 t 时刻的贴现值和 t 时刻以后的非利息收入在 t 时刻的贴现值之和。

现在要求解最大化问题：

$$\max \int_t^\infty \ln c(s,t) e^{(p+\theta)(t-v)} dv$$

s. t. $\dfrac{dw(s,t)}{dt} = [r(t)+p]w(s,t) + y(s,t) - c(s,t)$

由附录中关于连续时间模型的最优控制理论，先设哈密尔顿函数：

$$H = \ln c(s,t) e^{-(\theta+p)(t-s)} + \lambda(t)\{[r(t)+p]w(s,t) + y(s,t) - c(s,t)\}$$

由于 c 是控制变量，要求出哈密尔顿函数的最大值 H^*，先求 H 关于 c 的一阶条件：

$$\frac{e^{-(\theta+p)(t-s)}}{c(s,t)} - \lambda(t) = 0 \qquad (3.4)$$

由附录中的最大值原理

$$\dot{\lambda} = -[r(t)+p]\lambda \qquad (3.5)$$

对式（3.4）关于 t 求导，得到：

$$\dot{\lambda}(t) = \frac{-(\theta+p)e^{(\theta+p)(t-s)}c(s,t) - \dfrac{\partial c(s,t)}{\partial t}e^{(\theta+p)(t-s)}}{c^2(s,t)}$$

$$= -\frac{\dot{c}(s,t)}{c^2(s,t)}e^{-(\theta+p)(t-s)} - \frac{\theta+p}{c(s,t)}e^{-(\theta+p)(t-s)}$$

由式（3.4）对 λ 求解，得到：

$$\lambda = \frac{e^{-(\theta+p)(t-s)}}{c(s,t)}$$

继而得到：

$$\dot{\lambda} = -\left[\frac{\dot{c}(s,t)}{c(s,t)} + \theta + p\right]\lambda$$

即

$$\frac{\dot{\lambda}}{\lambda} = -\left[\frac{\dot{c}(s,t)}{c(s,t)} + \theta + p\right]$$

由式（3.5）得到：

$$\frac{\dot{\lambda}}{\lambda} = -\left[\frac{\dot{c}(s,t)}{c(s,t)} + \theta + p\right] = -[r(t) + p]$$

由后面的等式，得到：

$$\frac{\dot{c}(s,t)}{c(s,t)} + \theta = r(t)$$

即

$$\frac{\dot{c}(s,t)}{c(s,t)} = r(t) - \theta$$

对上式在区间 $[t,v]$ 上积分，得到：

$$\ln c(s,v) - \ln c(s,t) = \int_t^v [\gamma(\mu) - \theta]\mathrm{d}\mu$$

消除对数，得到：

$$\frac{c(s,v)}{c(s,t)} = e^{\int_t^v [r(\mu)-\theta] d\mu}$$

也就是：

$$c(s,v) = c(s,t) e^{\int_t^v [r(\mu)-\theta] d\mu} \qquad (3.6)$$

代入预算约束：

$$\int_t^\infty c(s,v) e^{-\int_t^v [r(\mu)+p] d\mu} dv = w(s,t) + h(s,t)$$

而式（3.3）的左侧

$$\int_t^\infty c(s,v) e^{-\int_t^v [r(\mu)+p] d\mu} dv$$

$$= \int_t^\infty c(s,t) e^{\int_t^v [r(\mu)-\theta] d\mu} e^{-\int_t^v [r(\mu)+p] d\mu} dv$$

再计算被积函数中 e 的项的乘积，得到：

$$\int_t^\infty c(s,v) e^{-\int_t^v [r(\mu)+p] d\mu} dv$$

$$= \int_t^\infty c(s,t) e^{\int_t^v -(\theta+p) d\mu} dv$$

$$= \int_t^\infty c(s,t) e^{-(\theta+p)(v-t)} dv$$

$$= c(s,t) \left[-\frac{e^{-(\theta+p)(v-t)}}{\theta+p} \right]_t^\infty$$

$$= \frac{c(s,t)}{\theta+p}$$

其中第二个等式是对 e 的指数积分得到的结果，因为 $c(s,t)$ 对于 v 来说是常数，可以提到积分号外。

这样，预算约束式就变为：

$$\frac{c(s,t)}{\theta+p} = w(s,t) + h(s,t)$$

即

$$c(s,t) = (\theta + p)[w(s,t) + h(s,t)] \qquad (3.7)$$

（2）总消费

前面计算的是 s 时刻出生的个人在 t 时刻的消费量。下面要计算经济中的 t 时刻的总消费量。用 $C(t)$，$Y(t)$，$W(t)$，$H(t)$ 表示 t 时刻经济中总的消费量、非利息收入、非人力财富和人力财富：

$$C(t) = (p + \theta)[H(t) + W(t)]$$

其中总的人力财富为：

$$H(t) = \int_{-\infty}^{t} h(s,t) p e^{p(s-t)} \mathrm{d}s$$

其中，$h(s,t)$ 表示 s 时刻出生的每个人在 t 时刻的人力资本财富，而 p 表示出生时这类人群的人数，$e^{p(s-t)}$ 是在 s 时刻出生的人在 t 时刻存活的概率，而 $pe^{p(s-t)}$ 是 s 时刻出生的人群在 t 时刻的存活人数。对 s 积分表示所有存活人群的总的人力资本财富的数量。

$$
\begin{aligned}
H(t) &= \int_{-\infty}^{t} h(s,t) p e^{p(s-t)} \mathrm{d}s \\
&= \int_{-\infty}^{t} \left\{ \int_{t}^{\infty} y(s,v) e^{-\int_{t}^{v}[r(\mu)+p]\mathrm{d}\mu} \mathrm{d}v \right\} p e^{p(s-t)} \mathrm{d}s
\end{aligned}
$$

转换积分顺序，得到：

$$H(t) = \int_{t}^{\infty} \left[\int_{-\infty}^{t} y(s,v) p e^{p(s-t)} \mathrm{d}s \right] e^{-\int_{t}^{v}[r(\mu)+p]\mathrm{d}\mu} \mathrm{d}v$$

为了简单，设各个时刻出生的人的非利息收入都相同，令 $Y(v) = y(s,v)$，$\forall s$，则有：

$$H(t) = \int_t^\infty Y(v) \left[\int_{-\infty}^t p e^{p(s-t)} \mathrm{d}s \right] e^{-\int_t^v [r(\mu)+p] \mathrm{d}\mu} \mathrm{d}v$$

$$= \int_t^\infty Y(v) \left[e^{p(s-t)} \big|_{-\infty}^t \right] e^{-\int_t^v [r(\mu)+p] \mathrm{d}\mu} \mathrm{d}v$$

$$= \int_t^\infty Y(v) \, e^{-\int_t^v [r(\mu)+p] \mathrm{d}\mu} \mathrm{d}v$$

$$\frac{\mathrm{d}H_t}{\mathrm{d}t} = -Y(t) e^{-\int_t^t [r(\mu)+p] \mathrm{d}\mu} + \int_t^\infty Y(v) [r(t)+p] e^{-\int_t^v [r(\mu)+p] \mathrm{d}\mu} \mathrm{d}v$$

$$= -Y(t) + \int_t^\infty Y(v) [r(t)+p] e^{-\int_t^v [r(\mu)+p] \mathrm{d}\mu} \mathrm{d}v$$

$$= -Y(t) + [r(t)+p] H(t)$$

与前面相似，应有横截条件：

$$\lim_{v \to \infty} H(v) e^{-\int_t^v [r(\mu)+p] \mathrm{d}\mu} = 0$$

总非人力财富为：

$$W(t) = \int_{-\infty}^t w(s,t) p e^{-p(t-s)} \mathrm{d}s$$

$$\frac{\mathrm{d}W(t)}{\mathrm{d}t} = w(t,t)p - pW(t) + \int_{-\infty}^t \frac{\mathrm{d}w(s,t)}{\mathrm{d}t} p e^{-p(t-s)} \mathrm{d}s \quad (3.8)$$

由式（3.2）

$$\frac{\mathrm{d}w(s,t)}{\mathrm{d}t} = [r(t)+p] w(s,t) + y(s,t) - c(s,t)$$

两边同乘以 $p e^{-p(t-s)}$，积分后得到：

$$\int_{-\infty}^t \frac{\mathrm{d}w(s,t)}{\mathrm{d}t} p e^{-p(t-s)} \mathrm{d}s = \int_{-\infty}^t [r(t)+p] w(s,t) \, p e^{-p(t-s)} \mathrm{d}s$$

$$+ \int_{-\infty}^t y(s,t) p e^{-p(t-s)} \mathrm{d}s - \int_{-\infty}^t c(s,t) \, p e^{-p(t-s)} \mathrm{d}s$$

$$= r(t) \int_{-\infty}^t w(s,t) \, p e^{-p(t-s)} \mathrm{d}s + p \int_{-\infty}^t w(s,t) \, p e^{-p(t-s)} \mathrm{d}s$$

$$+ \int_{-\infty}^{t} y(s,t) pe^{-p(t-s)} \mathrm{d}s - \int_{-\infty}^{t} c(s,t) pe^{-p(t-s)} \mathrm{d}s$$

$$= r(t)W(t) + pW(t) + Y(t) - C(t)$$

在式（3.8）中，设 $w(t,t) = 0$，即 t 期新生儿的非人力财富为0，则由式（3.8）得到：

$$\int_{-\infty}^{t} \frac{\mathrm{d}w(s,t)}{\mathrm{d}t} pe^{-p(t-s)} \mathrm{d}s = pW(t) + \frac{\mathrm{d}W(t)}{\mathrm{d}t}$$

两边消去 $pW(t)$，得：

$$\frac{\mathrm{d}W(t)}{\mathrm{d}t} = r(t)W(t) + Y(t) - C(t)$$

结合起来，得到：

$$C = (p + \theta)(H + W) \tag{3.9}$$

$$\dot{H} = (r + p)H - Y \tag{3.10}$$

$$\dot{W} = rW + Y - C \tag{3.11}$$

现在，从 s 时刻出生的人在 t 时刻的预算约束和消费，得到了在整个经济中总的消费与收入之间的关系，注意，这里包括任何时间出生的人在 t 时刻的总消费和总财富与总人力资本的变化方程，即动态方程。

在式（3.9）两边对时间求导，并把式（3.10）和式（3.11）代入求导后得到的式子里，得到：

$$\dot{C} = (p + \theta)(\dot{H} + \dot{W})$$
$$= (p + \theta)[(r + p)H - Y + rW + Y - C]$$
$$= (p + \theta)[(r + p)H + rW - C]$$

在式（3.9）中解出 H 的值代入上式，以消去 H，得到：

$$(p + \theta)\left[(r + p)\left(\frac{C}{p + \theta} - W\right) + rW - C\right]$$

$$= (p + \theta)\left[\frac{(r + p)C}{p + \theta} - (r + p)W + rW - C\right]$$

$$= (p + \theta)\left[\frac{(r - \theta)C}{p + \theta} - pW\right]$$

$$= (r - \theta)C - p(p + \theta)W$$

继而得到：

$$\dot{C} = (r - \theta)C - p(p + \theta)W \tag{3.12}$$

$$\dot{W} = rW + Y - C \tag{3.11}$$

这样，就消去了 H 和它的微分方程，整个动力系统都用 W 和 C 的变化来表示。

2. 动态与稳态

考虑开放经济，实际利息率为 r。为了简化，不存在资本，因而仅有的资产为外国资产，定义为 F。非利息收入为外生的，定义为 ω。在这种情况下，均衡可表示为：

$$\dot{C} = (r - \theta)C - p(p + \theta)F \tag{3.13}$$

$$\dot{F} = rF + \omega - C \tag{3.14}$$

分别对 C 和 F 求导，得到雅克比矩阵为：

$$\begin{bmatrix} r - \theta & -p(p + \theta) \\ -1 & r \end{bmatrix}$$

由雅克比矩阵求出它的特征方程，以判断稳态的稳定性，这一特征方程为：

$$\begin{vmatrix} \lambda - (r - \theta) & p(p + \theta) \\ 1 & \lambda - r \end{vmatrix} = (\lambda - r)[\lambda - (r - \theta)] - p(p + \theta)$$

$$= \lambda^2 - (2r - \theta)\lambda + r(r - \theta) - p(p + \theta)$$

$$= \lambda^2 - (2r - \theta)\lambda + r^2 - p^2 - \theta(r + p)$$

$$= \lambda^2 - (2r - \theta)\lambda + (r + p)(r - p)$$
$$- \theta(r + p)$$

$$= \lambda^2 - (2r - \theta)\lambda + (r + p)(r - \theta - p)$$

如果 $r < p + \theta$，则最后一项为负，由于最后一项是两个特征根的乘积，这一乘积为负，说明有一正一负的两个根。这在动态系统理论中被称为鞍点稳定。鞍点稳定在经济学研究中非常重要，因为它表示在某个特定路径上是稳定的。如果 $r > p + \theta$，则最后一项为正，特征方程有两个同号的根。如果两个都是正根，C 在 C 的方向上的增加率大于 p，即比死亡率要大。这样，总消费一定会无限增长下去。如果存在两个负根，则是稳定的。

现在计算稳态，就是令式（3.13）和式（3.14）的左侧为零，即，$\dot{C} = 0, \dot{F} = 0$，然后解这个方程组：

$$(r - \theta)C - p(p + \theta)F = 0$$

得到：

$$C = \frac{p(p + \theta)}{r - \theta}F$$

和

$$rF + \omega - C = 0$$

代入

$$rF + \omega - C = 0$$

即

$$\left[\frac{p(p+\theta)}{r-\theta} - r\right]F = \omega$$

整理得到：

$$\frac{p^2 + p\theta - r^2 + \theta r}{r-\theta}F = \omega$$

解这个方程，得到：

$$F = \frac{\omega(r-\theta)}{(p+r)(\theta+p-r)}$$

代入前面 C 关于 F 的表示式，得到：

$$C = \frac{\omega p(p+\theta)}{(p+r)(p+\theta-r)} \tag{3.15}$$

先设 $r > p + \theta$，这时，F 与 C 都为负，矛盾，所以不存在稳态点。所以，若要有稳态，只有当 $r = \theta$ 时才有可能。这时，$F = 0, C = \omega$ 是稳态。因为 $r > p + \theta$ 时稳态不存在，只需考虑 $r \leqslant p + \theta$ 的情况。分别考虑 $r < \theta, r > \theta, r = \theta$ 的情况。

当 $r < \theta$，即利息大于贴现率时，由式（3.13）可知，当 $\dot{C} < 0$ 时，消费随时间递减。曲线 $\dot{C} = 0$ 可表示为 $C = \frac{p(p+\theta)}{r-\theta}F$，这一曲线的斜率为负，因为 $\frac{p(p+\theta)}{r-\theta} < 0$。当 $r > \theta$ 时，$\dot{C} = 0$ 的斜率 $\frac{p(p+\theta)}{r-\theta} > 0$。

考虑稳态点。若 $r = \theta$，由式（3.14），应有 $F = 0$。由式（3.15）得到 $C^* = \omega$。因为 C^* 是正的，所以由 $r > \theta$ 或 $r < \theta$ 就可以得出 F^* 的不同。当 $r > \theta$ 时，由 $C^* = \frac{p(p+\theta)}{r-\theta}F^* > 0$ 和 $r -$

$\theta > 0$，可知 $F > 0$。在这种情况下个人储蓄，因而 F 是正的。当 $r < \theta$ 时，F 是负的。在这种情况下个人不储蓄，所以 F 是负的，国家在稳态时是纯借债的。

当 r 递增时，外国资产的水平上升。死亡率 p 的上升使得 F 的值变小，因为 $F = \dfrac{\omega(r-\theta)}{(p+r)(\theta+p-r)}$。死亡率 p 越大，F 就越接近于 0。也就是说，生命的短暂意味着少储蓄和少借债。

（3）封闭经济

在封闭的经济中，ω 和 r 不再是给定的，而是由资本积累决定。存在两个生产要素：劳动和资本。设劳动的规模等于人口的规模 1。令 $\tilde{F}(K,1)$ 是规模报酬不变的生产函数，δ 是消耗率。定义 $F(K) = \tilde{F}(K,1) - \delta K$。

非人力财富等于 K，非利息收入是劳动收入 $\omega(K)$。利息是资本的纯边际产品 $r(K)$，它可正可负。使用前面的微分方程：

$$\dot{C} = (r-\theta)C - p(p+\theta)W$$

和

$$\dot{W} = rW + Y - C$$

其中，把财富 W 用经济中的总资本 K 来代替，把利息和工资用 $r(K)$ 和 $\omega(K)$ 表示，劳动为 1，得到：

$$\dot{C} = [r(K) - \theta]C - p(p+\theta)K \qquad (3.16)$$

$$\dot{K} = r(K)K + \omega(K) - C$$

$$= F(K) - C \qquad (3.17)$$

由欧拉定理，得到：

$$r(K)K + \omega(K) = F(K)$$

定义 K 的两个值，$r(K^*) = \theta$，$r(K^{**}) = \theta + p$。在稳态时，由式（3.16）得到：

$$C^* = \frac{p(p + \theta)}{r(K^*) - \theta}K^*$$

由式（3.17）得到：

$$F(K^*) = C^* = \frac{p(p + \theta)}{r(K^*) - \theta}K^*$$

考虑曲线 $\dot{C} = 0$：

$$C = \frac{p(p + \theta)}{r(K) - \theta}K$$

当 K 很小时，$r(K)$ 很大，因而是以正的斜率，并以 $K = K^*$ 为渐近线趋于无穷。而曲线 $\dot{F} = 0$，可以写为 $C = F(K)$。由 $C = \frac{p(p + \theta)}{r(K) - \theta}K$，对于每一个 K，由于 $r(K)$ 关于 k^* 递减，那么，对于整个分式来说就是递增的，所以 C^* 关于 K^* 是递增的。这样，对一个 K^*，就只有一个 C^* 与之对应。整个分式递增。

由式（3.17）中 $\dot{K} = 0$ 的轨迹，$C = F(k)$，得到稳态：

$$F(K^*) = \frac{p(p + \theta)}{r(K^*) - \theta}K^*$$

即

$$F(K^*) - \frac{p(p + \theta)}{r(K^*) - \theta}K^* = 0 \qquad (3.18)$$

整理后，左侧为：

$$\frac{F(K)[r(K) - \theta] - p(p + \theta)K}{r(K) - \theta}$$

对左侧关于 K 求导，得到：

$$\frac{\{F'(K)[r(K) - \theta] + F(K)r'(K) - p(p + \theta)\}[r(K) - \theta] - r'(K)F(K)[r(K) - \theta] + p(p + \theta)r'(K)K}{[r(K) - \theta]^2}$$

$$= \frac{\{F'(K)[r(K) - \theta]^2 - p(p + \theta)\}[r(K) - \theta] + p(p + \theta)Kr'(K)}{[r(K) - \theta]^2}$$

现在要看左侧关于 K 是递增还是递减的，只需看分子的符号，因为分母大于零：

$$\{F'(K)[r(K) - \theta]^2 - p(p + \theta)\}[r(K) - \theta] + p(p + \theta)Kr'(K)$$

$$= r(K)\left\{[r(K) - \theta]^2 - \frac{p(p + \theta)}{r(K)}[r(K) - \theta]\right.$$

$$\left. + \frac{p(p + \theta)Kr'(K)}{r(K)}\right\}$$

$$= r(K)\left\{[r(K) - \theta]^2 - \frac{p(p + \theta)}{r(K)}[r(K) - \theta] + \frac{p^2(p + \theta)^2}{4r^2(K)}\right.$$

$$\left. - \frac{p^2(p + \theta)^2}{4r^2(K)} + \frac{p(p + \theta)Kr'(K)}{r(K)}\right\}$$

$$= r(K)\left\{\left[r(K) - \theta - \frac{p(p + \theta)}{2r(K)}\right]^2\right.$$

$$\left. + \frac{4p(p + \theta)Kr'(K)r(K) - p^2(p + \theta)^2}{4r^2(K)}\right\}$$

因为 $r'(K) < 0$，所以大括号内的后面一项为负。当第一项平方号内是零时，分子是负的，也就是当

$$r(K) - \theta - \frac{p(p + \theta)}{2r(K)} = 0$$

即

$$2r^2(K) - 2\theta r(K) - p(p + \theta) = 0$$

$$r(K) = \frac{2\theta \pm \sqrt{4\theta^2 + 8p(p + \theta)}}{2} = \theta \pm \sqrt{\theta^2 + 2p(p + \theta)}$$

时，式（3.18）的左侧是递减的，因而有唯一的稳态点 K^*。由于 $r(K)$ 非负，所以当

$$r(K) = \theta + \sqrt{\theta^2 + 2p(p + \theta)}$$

时，会有唯一的稳态点，在其他情况下，稳态可能是不唯一的。

而稳态的雅克比矩阵为：

$$\begin{bmatrix} r(K) - \theta & r'(K)C - p(p + \theta) \\ -1 & F'(K) \end{bmatrix}$$

它的特征方程是

$$\begin{vmatrix} \lambda - r(K) + \theta & p(p + \theta) - r'(K)C \\ 1 & \lambda - r(K) \end{vmatrix}$$

$$= [\lambda - r(K)]^2 + \theta[\lambda - r(K)] - p(p + \theta) + r'(K)C$$

$$= \lambda^2 + [\theta - 2r(K)]\lambda + r^2(K) - \theta r(K) - p(p + \theta) + r'(K)C$$

不能确定稳态是鞍点稳定的。在封闭经济的情况下，利息率和工资率都要通过整个经济的生产确定，因而动态的分析就变得很复杂，很难得到很好的结果。

3. 模型推广

前面考虑的效用函数是对数效用函数，它的特点是计算简单，但也会舍弃一些东西，那就是替代弹性。接下来考虑替代弹性的效用函数，这种效用函数较之对数效用函数是更为一般的效用函数。

考虑替代弹性的效用函数：

$$u(c) = \frac{c^{1-\sigma}}{1-\sigma}$$

在这里首先证明，时间之间的替代弹性是$\frac{1}{\sigma}$。

$$u'(c_t) = c^{-\sigma}$$

$$\frac{u'(c_{t+1})}{u'(c_t)} = \left(\frac{c_{t+1}}{c_t}\right)^{-\sigma}$$

消费的替代弹性被定义为：

$$-\frac{\mathrm{d}\ln\frac{c_{t+1}}{c_t}}{\mathrm{d}\ln\frac{u'(c_{t+1})}{u'(c_t)}}$$

而上面的效用函数消费的替代弹性为：

$$-\frac{\mathrm{d}\ln\frac{c_{t+1}}{c_t}}{\mathrm{d}\ln\frac{u'(c_{t+1})}{u'(c_t)}} = \frac{\mathrm{d}\ln\left(\frac{c_{t+1}}{c_t}\right)}{\sigma\mathrm{d}\ln\left(\frac{c_{t+1}}{c_t}\right)} = \frac{1}{\sigma}$$

或者，可以如下计算：

$$\frac{\mathrm{d}\left[\frac{u'(c_{t+1})}{u'(c_t)}\right]}{\mathrm{d}\left(\frac{c_{t+1}}{c_t}\right)} \div \frac{\frac{u'(c_{t+1})}{u'(c_t)}}{\left(\frac{c_{t+1}}{c_t}\right)} = \frac{\mathrm{d}\left(\frac{c_{t+1}}{c_t}\right)^{-\sigma}}{\mathrm{d}\left(\frac{c_{t+1}}{c_t}\right)} \div \left(\frac{c_{t+1}}{c_t}\right)^{-\sigma-1}$$

$$= -\sigma\frac{\left(\frac{c_{t+1}}{c_t}\right)^{-\sigma-1}}{\left(\frac{c_{t+1}}{c_t}\right)^{-\sigma-1}} = -\sigma$$

而

$$-\frac{\mathrm{dln}\,\dfrac{c_{t+1}}{c_t}}{\mathrm{dln}\,\dfrac{u'(c_{t+1})}{u'(c_t)}} = \frac{1}{\sigma}$$

在目标函数中代入新效用函数，最优化问题变为：

$$\max \int_t^\infty \frac{c(s,v)^{1-\sigma}}{1-\sigma}\, e^{(\theta+p)(t-v)}\,\mathrm{d}v$$

$$\frac{\mathrm{d}w(s,t)}{\mathrm{d}t} = [r(t)+p]w(s,t) + y(s,t) - c(s,t)$$

哈密尔顿函数为：

$$H = \frac{c(s,t)^{1-\sigma}}{1-\sigma}e^{(\theta+p)(s-t)} + \lambda\{[r(t)+p]w(s,t) + y(s,t) - c(s,t)\}$$

一阶条件为：

$$c(s,t)^{-\sigma}e^{(\theta+p)(t-v)} - \lambda = 0$$

$$\dot{\lambda} = -\lambda[r(t)+p]$$

同时在第一式对 t 求导：

$$\dot{\lambda} = -\sigma c(s,t)^{-\sigma-1}\dot{c}(s,t)e^{(\theta+p)(s-t)} - (\theta+p)c(s,t)^{-\sigma}e^{(\theta+p)(s-t)}$$

两式合并，得到：

$$\lambda[r(t)+p] = \sigma c(s,t)^{-\sigma-1}\dot{c}(s,t)e^{(\theta+p)(s-t)}$$
$$+ (\theta+p)c(s,t)^{-\sigma}e^{(\theta+p)(s-t)}$$

$$c(s,t)^{-\sigma}e^{(\theta+p)(t-v)}[r(t)+p] = \sigma c(s,t)^{-\sigma-1}\dot{c}(s,t)e^{(\theta+p)(s-t)}$$
$$+ (\theta+p)c(s,t)^{-\sigma}e^{(\theta+p)(s-t)}$$

即

$$\frac{\dot{c}(s,t)}{c(s,t)} = \frac{r(t) + p - \theta - p}{\sigma}$$

即

$$\frac{\dot{c}(s,t)}{c(s,t)} = \frac{r(t) - \theta}{\sigma}$$

两边对 t 在 $[t, v]$ 区间上积分得到:

$$\ln c(s,v) - \ln c(s,t) = \int_t^v \frac{r(\mu) - \theta}{\sigma} \mathrm{d}\mu$$

去掉对数, 得到:

$$c(s,v) = c(s,t)e^{\int_t^v \frac{r(\mu) - \theta}{\sigma} \mathrm{d}\mu}$$

代入预算约束式 (3.3):

$$\int_t^\infty c(s,t)e^{\int_t^v \frac{r(\mu) - \theta}{\sigma}\mathrm{d}\mu - \int_t^v [r(\mu) + p]\mathrm{d}\mu} \mathrm{d}v = w(s,t) + h(s,t)$$

$$c(s,t)\int_t^\infty e^{\int_t^v \frac{(1-\sigma)r(\mu) - \theta - \sigma p}{\sigma}\mathrm{d}\mu} \mathrm{d}v = w(s,t) + h(s,t)$$

令

$$\Delta(t) = \int_t^\infty e^{\int_t^v \frac{(1-\sigma)r(\mu) - \theta - \sigma p}{\sigma}\mathrm{d}\mu} \mathrm{d}v \qquad (3.19)$$

因而

$$c(s,t) = [\Delta(t)]^{-1}[w(s,t) + h(s,t)] \qquad (3.20)$$

把上式两边关于 s 相加, 得到合计消费为:

$$C = \Delta^{-1}(H + W) \qquad (3.21)$$

对式 (3.19) 两边关于 t 求导, 得到:

$$\dot{\Delta} = -1 + \int_{t}^{\infty} e^{\frac{1}{\sigma}\int_{t}^{\tau}\{(1-\sigma)[r(\mu)+p]-(\theta+p)\}d\mu} \left\{ -\frac{1}{\sigma}(1-\sigma)[r(t)+p] \right.$$

$$\left. -(\theta+p) \right\} = -1 - \frac{1}{\sigma}\{(1-\sigma)[r(t)+p]-(\theta+p)\}\Delta$$

$$(3.22)$$

再对式 (3.20) 的两边关于 t 求导，得到：

$$\dot{C} = \frac{(\dot{H}+\dot{W})\Delta - \dot{\Delta}(H+W)}{\Delta^2}$$

$$= \frac{[(r+p)H-Y+rW+Y-C]\Delta + (H+W)}{\Delta^2}$$
$$+ \sigma^{-1}[(1-\sigma)(r+p)-(\theta+p)]\Delta(H+W)$$

$$= \frac{[(r+p)H+rW-C]}{\Delta} + \frac{H+W}{\Delta^2}$$

$$+ \frac{\sigma^{-1}[(1-\sigma)(r+p)-(\theta+p)](H+W)}{\Delta}$$

$$= (r+p)H\Delta^{-1} + rW\Delta^{-1} - C\Delta^{-1} + C\Delta^{-1}$$
$$+ \sigma^{-1}[(1-\sigma)(r+p)-(\theta+p)]C$$

$$= (r+p)H\Delta^{-1} + rW\Delta^{-1} + \sigma^{-1}[(1-\sigma)(r+p)-(\theta+p)]C$$

$$= r(H+W)\Delta^{-1} + pH\Delta^{-1} + \sigma^{-1}(r+p-\theta-p)C - (r+p)C$$

$$= rC + pH\Delta^{-1} + \frac{(r-\theta)}{\sigma}C - (r+p)C$$

$$= -p(H+W)\Delta^{-1} + pH\Delta^{-1} + \frac{(r-\theta)}{\sigma}C$$

$$= \frac{(r-\theta)}{\sigma}C - pW\Delta^{-1} \qquad (3.23)$$

在封闭经济中，总的财富应该等于经济中的总资本，即 $W=K$。而且利息率应该是 K 的函数，这样，式 (3.23) 就变为：

$$\dot{C} = \frac{[r(K) - \theta]C}{\sigma} - pK\Delta^{-1} \tag{3.24}$$

$$\dot{K} = F(K) - C \tag{3.25}$$

$$\dot{\Delta} = -1 - \frac{1}{\sigma}\{(1 - \sigma)[r(K) + p] - (\theta + p)\}\Delta \tag{3.26}$$

求稳态，得到：

$$\Delta = \frac{\sigma}{(\theta + p) - (1 - \sigma)[r(K) + p]} \tag{3.27}$$

$$C = \frac{pK\{(\theta + p) - (1 - \sigma)[r(K) + p]\}}{r(K) - \theta} \tag{3.28}$$

$$F(K) = C \tag{3.29}$$

在式（3.26）中令 $\dot{\Delta} = 0$，得到式（3.27）。在式（3.24）中令 $\dot{C} = 0$，得到式（3.28）。在式（3.25）中令 $\dot{K} = 0$，得到式（3.29）。

在式（3.28）中，若 $\sigma > 1$，右侧分式的分子为正，当 $r(K) > \theta$ 时，曲线 $\dot{C} = 0$ 具有正的斜率，渐近地趋近于 $r(K^*) = \theta$ 的垂直渐近线 $K = K^*$。若 $\sigma < 1$，则曲线 $\dot{C} = 0$ 先有负的斜率，因为当 K 很小时，$r(K)$ 会很大。当 K 很大时，$r(K)$ 会变小。因而，后来会有正的斜率，也有 $K = K^*$ 作为渐进线。而关于 $\dot{K} = 0$，是生产函数 $F(K)$ 的曲线。

因为总资本 K 不可能越过渐近线，所以稳态的 K 比 K^* 要小。因而稳态时，$\bar{r} > \theta$。因而，对同一个 K 来说，σ 的增加使得 C 的值增加。再看 K 与 C 的关系，在式（3.28）的右侧对 K 求导，得到：$\dfrac{(p\{(\theta + p) - (1 - \sigma)[r(K) + p]\} - pK(1 - \sigma)r'(K))}{[r(K) - \theta]^2}$

由于 $(\theta + p) - (1 - \sigma)[r(K) + p] > 0, r'(K) < 0$，因而导数

为正。

　　由于 σ 的增加使得 C 的值增加，在 $\dot{C}=0$ 曲线上，要保持 C 值不变，就要减少 K，因而 $\dot{C}=0$ 向左侧移动，从而减少了稳态的资本。由于 $\dfrac{1}{\sigma}$ 是替代弹性，因而替代弹性越小，稳态的资本就越低。

　　（4）劳动收入减少的影响在这里研究为退休而进行的储蓄对资本积累的影响。因为导入退休，就设某个给定的生命期间劳动收入为零的话，会不方便分析，所以我们假设劳动收入随年龄以比例 α 减少。假设：

$$y(s,v) = aY(v)e^{\alpha(s-v)} \tag{3.30}$$

其中，a 是一个要被决定的常数。

由

$$
\begin{aligned}
Y(v) &= \int_{-\infty}^{v} y(s,v)pe^{p(s-v)}\,\mathrm{d}s = aY(v)\int_{-\infty}^{v} e^{\alpha(s-v)}pe^{p(s-v)}\,\mathrm{d}s \\
&= aY(v)\int_{-\infty}^{v} pe^{(\alpha+p)(s-v)}\,\mathrm{d}s = \frac{apY(v)}{\alpha+p}e^{(\alpha+p)(s-v)}\Big|_{-\infty}^{v} = \frac{apY(v)}{\alpha+p}
\end{aligned}
$$

由

$$\frac{ap}{\alpha+p} = 1$$

得到：

$$a = \frac{\alpha+p}{p}$$

当 $p=0$ 时，人无限生存，不会有劳动收入递减的情况。

　　假设效用函数是对数函数，则个人的消费变动与第一节相同，总消费的变动也相同，个人的人力财富可以写成以下形式：

$$h(s,t) = \int_t^\infty y(s,v) e^{-\int_t^v [r(\mu)+p] d\mu} dv$$

$$= \frac{p+\alpha}{p} \int_t^\infty Y(v) e^{\alpha(s-v)} e^{-\int_t^v [r(\mu)+p] d\mu} dv$$

$$= \frac{p+\alpha}{p} \int_t^\infty Y(v) e^{\alpha(s-v+t-t)} e^{-\int_t^v [r(\mu)+p] d\mu} dv$$

$$= \frac{p+\alpha}{p} e^{\alpha(s-t)} \int_t^\infty Y(v) e^{-\alpha \int_t^v d\mu} e^{-\int_t^v [r(\mu)+p] d\mu} dv$$

$$= \frac{p+\alpha}{p} e^{\alpha(s-t)} \int_t^\infty Y(v) e^{-\int_t^v [r(\mu)+p+\alpha] d\mu} dv$$

上面第二行等式是把式（3.30）代入第一行的等号右侧的结果，第四行等式是把 $e^{\alpha(s-t)}$ 提到积分号外面，然后把 $e^{-\alpha(v-t)}$ 的指数用积分的形式表示后得到的结果，而最后一行等式是把 e 的指数相加后得到的结果。

那么，

$$H(t) = \int_{-\infty}^t h(s,t) p e^{p(s-t)} ds$$

$$= \frac{p+\alpha}{p} \int_{-\infty}^t e^{\alpha(s-t)} \left\{ \int_t^\infty Y(v) e^{-\int_t^v [r(\mu)+p+\alpha] d\mu} dv \right\} p e^{p(s-t)} ds$$

$$= \frac{p+\alpha}{p} \int_{-\infty}^t p e^{(\alpha+p)(s-t)} ds \left\{ \int_t^\infty Y(v) e^{-\int_t^v [r(\mu)+p+\alpha] d\mu} dv \right\}$$

转换积分顺序，得到：

$$H(t) = \frac{p+\alpha}{p} \left\{ \int_t^\infty Y(v) e^{-\int_t^v [r(\mu)+p+\alpha] d\mu} dv \right\} \int_{-\infty}^t p e^{(\alpha+p)(s-t)} ds$$

$$= \frac{p+\alpha}{p} \left\{ \int_t^\infty Y(v) e^{-\int_t^v [r(\mu)+p+\alpha] d\mu} dv \right\} \frac{p}{\alpha+p} e^{(\alpha+p)(s-t)} \Big|_{-\infty}^t$$

$$= \int_t^\infty Y(v) e^{-\int_t^v [r(\mu)+p+\alpha] d\mu} dv$$

上面第二个等式是对第一个等式右侧最后一项积分得到的结果，经过整理，得到最后一个等式。现在再对上面得到的结果对时间求导：

$$\dot{H} = -Y(t) + [r(t) + p + \alpha] \int_t^\infty Y(v) e^{-\int_t^v [r(\mu) + p + \alpha] d\mu} dv$$

$$= -Y(t) + [r(t) + p + \alpha] H(t)$$

$$= [r + p + \alpha] H - Y$$

由式（3.11）

$$\dot{W} = rW + Y - C$$

和

$$\dot{C} = (p + \theta)(\dot{H} + \dot{W})$$

$$= (p + \theta)[(r + p + \alpha)H - Y + rW + Y - C]$$

$$= (p + \theta)[(r + p + \alpha)H + rW - C]$$

和

$$C = (p + \theta)(H + W)$$

得到：

$$(p + \theta)H = C - (p + \theta)W$$

代入 $\dot{C}$ 得到：

$$\dot{C} = (r + p + \alpha)[C - (p + \theta)W] + r(p + \theta)W - (p + \theta)C$$

$$= (r + \alpha - \theta)C - (p + \alpha)(p + \theta)W$$

在封闭经济中，财富就是资本 K，把 $W = K$ 代入 $\dot{C}$ 的表示式中，得到：

$$\dot{C} = (r + \alpha - \theta)C - (p + \alpha)(p + \theta)K \tag{3.31}$$

而把 $W = K$ 代入 $\dot{K}$ 的表示式中，注意 Y 是总劳动收入，而且由生产函数的一次齐次性，得到：

$$\dot{K} = F(K) - C \qquad (3.32)$$

因为 $r(k)k + Y = F(k)$。

现在分析稳态的情况。$\dot{C} = 0$ 的轨迹 $C = \dfrac{(p + \alpha)(p + \theta)K}{r(K) + a - \theta}$，以 $K = \dot{K}$ 为垂直渐近线，其中 $r(\dot{K}) = \theta - a$。由于 $r'(K) < 0$，所以，当 $K < \dot{K}$ 时，$r(K) + a - \theta > 0$。曲线的斜率是正的。

稳态为：

$$C = \frac{(p + \alpha)(p + \theta)K}{r(K) + a - \theta} = F(K)$$

由于分子大于零，因而 $r(K) + a - \theta > 0$，即 $\bar{r} = r(\bar{K}) > \theta - a$。也应有 $\bar{r} < \theta + p$。否则，设 $\bar{r} \geq \theta + p$，则有：

$$\begin{aligned}
0 &= (r + \alpha - \theta)\bar{C} - (p + \alpha)(p + \theta)\bar{K} \\
&> (p + \alpha)\bar{C} - (p + \alpha)(p + \theta)\bar{K} \\
&= (p + \alpha)[F(\bar{K}) - (p + \theta)\bar{K}]
\end{aligned}$$

即

$$F(\bar{K}) < (p + \theta)\bar{K} < \bar{r}\bar{K}$$

矛盾。所以，$\theta - a < \bar{r} < \theta + p$。$\bar{r}$ 也可能是负的。α 的上升增加了资本的稳态而减少了利息。

$$\frac{\mathrm{d}C}{\mathrm{d}\alpha}\Big|_{\dot{c} = 0, K = \bar{K}} = \frac{(p + \theta)(\bar{r} - \theta - p)}{\bar{r} - \theta + \alpha}\bar{K}$$

由于 $\theta - \alpha < \bar{r} < \theta + p$，上式小于 0。在稳态的邻域里，$\alpha$ 的上升，将把 $\dot{C} = 0$ 拉向右侧。稳态的资本增加，因而利息率下降。

造成这一结果的原因是在相对早的人生阶段劳动收入的增加，将导致更高的储蓄，进而导致高的总财富，降低了利息率。在上面的文献综述中，笔者增加了很多自己的解释和证明。

第二节　寿险需求模型

本节重点介绍 Yaari（1965）关于寿险需求的文章。这篇文章是研究寿险需求最早的文献，考虑生存期间是不确定的情况。在生存期间不确定的情况下，作者研究了最佳消费路径的决定和寿险加入后的影响等问题。以下介绍中的详细证明都是笔者加上去的。

文章中考虑了 Fisher 效用函数和另一种效用函数——Marshall 效用函数，研究了在四种情况下消费、投资、储蓄和寿险需求的问题。

Fisher 效用函数为：

$$V(c) = \int_0^T \alpha(t) g[c(t)] dt \qquad (3.33)$$

其中，$\alpha(t)$ 为主观贴现函数，g 为效用函数，是凹函数。消费者在 t 时刻的纯资产为：

$$S(t) = \int_0^t e^{\int_\tau^t j(\tau) dx} [m(\tau) - c(\tau)] d\tau \qquad (3.34)$$

其中，$j(\tau)$ 为在时刻 τ 的预期利率，$m(\tau)$ 为在时刻 τ 的收益率。m 和 j 在 $[0, T]$ 上连续，并要求

$$S(T) \geqslant 0 \qquad (3.35)$$

C 是可行消费计划，若满足下列条件：

（ⅰ） c 是有界和可测的；

（ⅱ） $c(t) \geqslant 0, t \in [0, T]$；

（ⅲ） $\int_0^T e \int_\tau^T j(\tau) \, dx [m(\tau) - c(\tau)] \, d\tau = 0$。

在式（3.34）的两边对时间 t 求导，得到：

$$\dot{S}(t) = m(t) - c(t) + \int_0^t j(t) e^{\int_t^t j(\tau) dx} [m(\tau) - c(\tau)] \, d\tau$$

$$= m(t) - c(t) + j(t) S(t)$$

设哈密尔顿函数为：

$$H = \alpha(t) g[c(t)] + \lambda [m(t) - c(t) + j(t) S(t)]$$

由关于 c 的一阶条件，得到：

$$\alpha(t) g'[c(t)] - \lambda = 0 \qquad (3.36)$$

由最大值原理，得到：

$$\dot{\lambda} = -\lambda j(t) \qquad (3.37)$$

对式（3.36）的两边关于 t 求导，得到：

$$\dot{\lambda} = \alpha'(t) g'[c(t)] + \alpha(t) g''[c(t)] \dot{c}(t) \qquad (3.38)$$

把式（3.37）代入式（3.38），得到：

$$\alpha'(t) g'[c(t)] + \alpha(t) g''[c(t)] \dot{c}(t) = -\lambda j(t)$$

即

$$\dot{c}(t) = \frac{-\lambda j(t) - \alpha'(t) g'[c(t)]}{\alpha(t) g''[c(t)]}$$

$$= \frac{-j(t) \alpha(t) g'[c(t)] - \alpha'(t) g'[c(t)]}{\alpha(t) g''[c(t)]} \qquad (3.39)$$

$$= -\left[j(t) + \frac{\dot{\alpha}(t)}{\alpha(t)} \right] \frac{g'[c(t)]}{g''[c(t)]}$$

使用两种办法进行限制，使得最终资产非负。一种是使用概率，另一种是使用惩罚函数。

概率的适合性为 $\mathrm{Prob}\{S(t) \geq 0\} \geq \lambda$，通常取 $\lambda = 0.95$。第二种限制办法是在效用函数上加上一项，新效用函数就变为：

$$U(c) = \int_0^T \alpha(t)g[c(t)]\mathrm{d}t + \varphi[S(t)]$$

设 φ 为定义在 $(-\infty, +\infty)$ 上的实值递增的凹函数，且 $\varphi(0) = 0$。可以看到，由于 φ 是递增的，当 $S(t) < 0$ 时，$\varphi[S(t)] < 0$，所以在效用上要有所减少。消费者找到使 U 期望最大的无限制条件下的最优解，也可以把最后一项解释为遗产的效用。导入 β 使新的效用函数变为 Marshall 效用函数：

$$U(c) = \int_0^T \alpha(t)g[c(t)]\mathrm{d}t + \beta(t)\varphi[S(t)]$$

β, φ 都是凹的。

定义一个精算流通证券，消费者可以买卖这一证券直到死亡。定义在时刻 t 的精算流通证券的利率为 $r(t) > j(t)$。任何买了精算流通证券的消费者事实上是买了一种年金。

论文考虑了下面四种情况。

1. 使用 Fisher 效用函数，有非负财富的限制，但无保险

设 T 是一个在区间 $[0, \bar{T}]$ 上的值，且服从概率密度函数为 π 的随机分布。π 定义在 $[0, \bar{T}]$ 上，且有如下性质：$\pi(t) \geq 0$，$\int_0^{\bar{T}} \pi(t)\mathrm{d}t = 1$。

定义：

$$\Omega(t) = \int_t^{\bar{T}} \pi(\tau) d\tau , 0 \le t \le \bar{T}$$

及

$$\pi_t(\tau) = \frac{\pi(\tau)}{\Omega(t)} , 0 \le t \le \tau \le \bar{T}, t \ne \bar{T}$$

$\pi_t(\tau)$是 T 的条件密度。这里，$\Omega(t)$是消费者在时刻 t 存活的概率。

考虑以下期望效用：

$$\bar{V}(c) = EV(c) = \int_0^{\bar{T}} \pi(t) \int_0^t \alpha(\tau) g[c(\tau)] d\tau dt,$$

因为，$\Omega'(t) = -\pi(t)$

$$\bar{V}(c) = \int_0^{\bar{T}} \pi(t) \int_0^t \alpha(\tau) g[c(\tau)] d\tau dt$$

$$= \int_0^{\bar{T}} -\Omega'(t) \int_0^t \alpha(\tau) g[c(\tau)] d\tau dt$$

把后面 $\int_0^t \alpha(\tau) g[c(\tau)] d\tau$ 看成 t 的函数，进行分部积分，得到：

$$\bar{V}(c) = -\Omega(t) \left[\int_0^t \alpha(\tau) g[c(\tau)] d\tau \right] \Big|_0^{\bar{T}} + \int_0^{\bar{T}} \Omega(t) \alpha(t) g[c(t)] dt$$

在这一情况下，c 为可行的，若它是有界的，则可测，非负，而且满足 $S(T) \ge 0$。在假设条件 $\pi(t) > 0, 0 < t < \bar{T}$ 下，限制条件 $\text{Prob}\{S(T) \ge 0\} = 1$，等价于 $S(t) \ge 0$，对所有 t 都成立。

为了方便，可以把这一限制条件转化为：

当 $S(t) = 0$时，$\dot{S}(t) \ge 0$。

从

$$\dot{S}(t) = m(t) - c(t) + j(t)S(t)$$

中得到，当 $S(t) = 0$ 时，若有 $c(t) \leqslant m(t)$，就会满足这一条件。

这样，问题变为以下形式：

$$\max \int_0^{\bar{T}} \Omega(t)\alpha(t)g[c(t)]\mathrm{d}t$$

$$\text{s. t. } c(t) \geqslant 0, \forall t$$

$$c(t) \leqslant m(t)$$

当 $S(t) = 0$ 时，

$$S(\bar{T}) = 0$$

当 $c(t) = 0$ 时，第一个条件是限制的，当 $c(t) = m(t)$ 时，第二个问题是限制的，但这些都达不到最大，因此，c 应是内部的点。这样，设哈密尔顿函数为：

$$H = \Omega(t)\alpha(t)g[c(t)] + \lambda[m(t) - c(t) + j(t)S(t)]$$

由 c 的一阶条件，得到：

$$\Omega(t)\alpha(t)g'[c(t)] = \lambda \tag{3.40}$$

$$\dot{\lambda} = -j(t)\lambda \tag{3.41}$$

在式（3.40）的两边对时间 t 求导，得到：

$$\dot{\lambda} = \dot{\Omega}(t)\alpha(t)g'[c(t)] + \Omega(t)\alpha'(t)g'[c(t)]$$
$$+ \Omega(t)\alpha(t)g''[c(t)]\dot{c}(t)$$

再把式（3.41）和式（3.40）代入上式，得到：

$$-j(t)\Omega(t)\alpha(t)g'[c(t)] = \dot{\Omega}(t)\alpha(t)g'[c(t)] + \Omega(t)\alpha'(t)$$
$$g'[c(t)] + \Omega(t)\alpha(t)g''[c(t)]\dot{c}(t)$$

由上式中解出 $\dot{c}(t)$，得到：

$$
\dot{c}(t) = - \frac{\begin{array}{c} j(t)\Omega(t)\alpha(t)g'[c(t)] + \dot{\Omega}(t)\alpha(t)g'[c(t)] + \\ \Omega(t)\alpha'(t)g'[c(t)] \end{array}}{\Omega(t)\alpha(t)g''[c(t)]}
$$

$$
= - \left[j(t) + \frac{\dot{\alpha}(t)}{\alpha(t)} + \frac{\dot{\Omega}(t)}{\Omega(t)} \right] \frac{g'[c(t)]}{g''[c(t)]}
$$

$$
= - \left[j(t) + \frac{\dot{\alpha}(t)}{\alpha(t)} - \pi_t(t) \right] \frac{g'[c(t)]}{g''[c(t)]} \tag{3.42}
$$

最后一式是由 $\pi_t(t)$ 的定义得到的。

2. 使用 Marshall 效用函数，但无财富非负的限制

令

$$
\overline{U}(c) = EU(c) = \int_0^T \left\{ \Omega(t)\alpha(t)g[c(t)] + \pi(t)\beta(t)\varphi[S(t)] \right\} \mathrm{d}t
$$

$$
\tag{3.43}
$$

求非负的 c 使得上式达到最大。考虑这种情况下的哈密尔顿函数为：

$$
H = \Omega(t)\alpha(t)g[c(t)] + \pi(t)\beta(t)\varphi[S(t)]
$$

$$
+ \lambda[m(t) - c(t) + j(t)S(t)]
$$

关于 c 的一阶条件为：

$$
\Omega(t)\alpha(t)g'[c(t)] = \lambda \tag{3.44}
$$

由最大值原理，得到：

$$
\dot{\lambda} = - \pi(t)\beta(t)\varphi'[S(t)] - \lambda j(t) \tag{3.45}
$$

在式（3.44）的两边对时间 t 求导，得到：

$$\dot{\lambda} = \dot{\Omega}(t)\alpha(t)g'[c(t)] + \Omega(t)\dot{\alpha}(t)g'[c(t)]$$
$$+ \Omega(t)\alpha(t)g''[c(t)]\dot{c}(t)$$

把式（3.44）和式（3.45）代入上式，得到：

$$\dot{\Omega}(t)\alpha(t)g'[c(t)] + \Omega(t)\dot{\alpha}(t)g'[c(t)]$$
$$+ \Omega(t)\alpha(t)g''[c(t)]\dot{c}(t) = -\pi(t)\beta(t)\varphi'[S(t)] - \lambda j(t)$$

即

$$\Omega(t)\alpha(t)g''[c(t)]\dot{c}(t) = -\pi(t)\beta(t)\varphi'[S(t)] - \dot{\Omega}(t)\alpha(t)$$
$$g'[c(t)] - \Omega(t)\dot{\alpha}(t)g'[c(t)]$$
$$- j(t)\Omega(t)\alpha(t)g'[c(t)]$$

解出 $\dot{c}(t)$，得到：

$$\dot{c}(t) = -\left[j(t) + \frac{\dot{\alpha}(t)}{\alpha(t)} - \pi_t(t)\right]\frac{g'[c(t)]}{g''[c(t)]} - \frac{\pi_t(t)\beta(t)\varphi'[S(t)]}{\alpha(t)g''[c(t)]}$$

$$= -\left[j(t) + \frac{\dot{\alpha}(t)}{\alpha(t)}\right]\frac{g'[c(t)]}{g''[c(t)]}$$

$$+ \frac{\pi_t(t)\alpha(t)g'[c(t)] - \beta(t)\varphi'[S(t)]}{\alpha(t)g''[c(t)]}$$

$$(3.46)$$

右侧的第一项是生命确定时的消费，而第二项反映了不忍耐性。当第二项为负时，说明生命的不确定增强了不忍耐性；若为正，则说明减弱了不忍耐性。当

$$\alpha(t)g'[c(t)] > \beta(t)\varphi'[S(t)]$$

时，则增强了不忍耐性，反之，则减弱了不忍耐性。

为了讨论第三和第四种情况，先要定义精算笔记中的利息率 r。

设价值 1 美元的精算笔记被消费者或保险公司在时刻 t 所购买，而且在时刻 $t+\varepsilon$ 被加息偿还，除非消费者死亡。

由

$$\left[1+\varepsilon r(t)\right]\frac{\Omega(t+\varepsilon)}{\Omega(t)}+0\times\left[1-\frac{\Omega(t+\varepsilon)}{\Omega(t)}\right]\approx 1+\varepsilon j(t)$$

来表示 r 是公平率。在 t 时刻存活的条件下，这价值 1 美元的精算笔记在 $t+\varepsilon$ 时刻的条件期望值，约等于他在时刻 t 储蓄 1 美元而在 $t+\varepsilon$ 时刻获得的本和利。把上式改写为：

$$\frac{\Omega(t+\varepsilon)}{\Omega(t)}r(t)\approx j(t)+\frac{1}{\varepsilon}-\frac{\Omega(t+\varepsilon)}{\varepsilon\Omega(t)}$$

整理得到：

$$\frac{\Omega(t+\varepsilon)}{\Omega(t)}r(t)\approx j(t)+\frac{\Omega(t)-\Omega(t+\varepsilon)}{\varepsilon\Omega(t)}$$

两边关于 $\varepsilon\to 0$ 取极限，得到：

$$r(t)=j(t)+\frac{\pi(t)}{\Omega(t)}=j(t)+\pi_t(t)$$

精算利率 $\pi_t(t)$ 超过市场利率。对保险公司来说，其在买进时需要比公平率高的利率，其在卖出时需要比公平率低的利率。处理这个问题的合适办法是给保险公司指定一个凹的效用函数，而且将期望效用最大化。

当 $t\to\bar{T}$ 时，$\Omega(t)\to 0$，若 $\pi(\bar{T})>0$，则 $\pi_t(t)=\dfrac{\pi(t)}{\Omega(t)}$ 当 $t\to\bar{T}$ 时是发散的。

3. 使用 Fisher 效用函数，有保险，但有资产非负的约束

在情况 3 中，消费者没有遗留遗产的动机，却被加以在

死亡时以概率 1 使得遗产非负的限制。这是因为他的资产总是在精算利率而不是一般利率上保存。这使消费者的遗产总是自动为 0，无论他什么时候死亡。为了看为什么是这样，首先考虑消费者在时刻 t 资产为正，他有权利选择是在一般利率还是在精算利率上保存资产。现在，只要他还活着，精算利率就会带给他比一般利率更大的收益。为了得到大的收益，他必须同意资产在其死时自动被删除。

设

$$Q(t) = \int_0^t e^{\int_t^t r(x)\,dx} [m(\tau) - c(\tau)]\,d\tau$$

是以精算利率计算的资产。以下限制条件：

$$Q(T - \Delta) \geqslant 0$$

要求在死亡前的某个时刻，资产不为负，也就是：

$$\int_0^{\bar{T}-\Delta} e^{\int_t^{T-\Delta} r(x)\,dx} [m(t) - c(t)]\,dt \geqslant 0$$

两边同乘以 $e^{-\int_0^{T-\Delta} r(x)\,dx}$ ，得到：

$$\int_0^{\bar{T}-\Delta} e^{-\int_0^t r(x)\,dx} [m(t) - c(t)]\,dt \geqslant 0$$

由于不饱和性，有：

$$\int_0^{\bar{T}-\Delta} e^{-\int_0^t r(x)\,dx} [m(t) - c(t)]\,dt = 0$$

当 Δ 很小，可以假设：

$$\int_0^{\bar{T}} e^{-\int_0^t r(x)\,dx} [m(t) - c(t)]\,dt = 0 \qquad (3.47)$$

因为

$$\int_{\bar{T}-\Delta}^{\bar{T}} e^{-\int_0^t r(x)\,\mathrm{d}x}\big[\,m(t)\,-\,c(t)\,\big]\mathrm{d}t \to 0$$

的缘故，我们可以近似地以式（3.47）来替代死亡前某一时刻财产非负的约束条件。

现在，最优化问题就变成了以下问题：

$$\max\int_0^{\bar{T}} \Omega(t)\alpha(t)g[\,c(t)\,]\mathrm{d}t$$

$$\text{s. t. } c(t) \geqslant 0$$

$$\int_0^{\bar{T}} e^{-\int_0^t r(x)\,\mathrm{d}x}\big[\,m(t)\,-\,c(t)\,\big]\mathrm{d}t \,=\, 0$$

设立以下哈密尔顿函数：

$$L \,=\, \int_0^{\bar{T}} \Omega(t)\alpha(t)g[\,c(t)\,]\mathrm{d}t + \lambda\int_0^{\bar{T}} e^{-\int_0^t r(x)\,\mathrm{d}x}\big[\,m(t)\,-\,c(t)\,\big]\mathrm{d}t$$

由关于 c 的一阶条件，得到：

$$\Omega(t)\alpha(t)g'[\,c(t)\,] \,-\, \lambda e^{-\int_0^t r(x)\,\mathrm{d}x} \,=\, 0$$

即

$$\Omega(t)\alpha(t)g'[\,c(t)\,] \,=\, \lambda e^{-\int_0^t r(x)\,\mathrm{d}x}$$

在上式的两边对时间 t 取对数，并求导，得到：

$$\frac{\dot{\Omega}(t)}{\Omega(t)} \,+\, \frac{\dot{\alpha}(t)}{\alpha(t)} \,+\, \frac{g''[\,c(t)\,]}{g'[\,c(t)\,]}\dot{c}(t) \,=\, -\,r(t)$$

求出 $\dot{c}(t)$，得到：

$$\dot{c}(t) \,=\, -\Big[\,r(t) \,+\, \frac{\dot{\Omega}(t)}{\Omega(t)} \,+\, \frac{\dot{\alpha}(t)}{\alpha(t)}\Big]\frac{g'[\,c(t)\,]}{g''[\,c(t)\,]} \qquad (3.48)$$

由

$$\frac{\dot{\Omega}(t)}{\Omega(t)} = -\frac{\pi(t)}{\Omega(t)} = -\pi_t(t)$$

和

$$r(t) = j(t) + \pi_t(t)$$

得到：

$$\dot{c}(t) = -\left[j(t) + \frac{\dot{\alpha}(t)}{\alpha(t)}\right]\frac{g'[c(t)]}{g''[c(t)]} \qquad (3.49)$$

与式（3.39）相比较，可以看到这与无风险时的消费路径相同。也就是说，寿险保证了无风险的消费路径，起到了消除风险的效果。与情况 1 相比较，可以看出消费者加入寿险比不加入要好。

由

$$\pi_t(t) = \frac{\pi(t)}{\Omega(t)} = -\frac{\dot{\Omega}(t)}{\Omega(t)}$$

得到：

$$\ln\Omega(t) - \ln\Omega(0) = -\int_0^t \pi_x(x)\,\mathrm{d}x$$

由情况 1 中 $\Omega(t)$ 的定义

$$\Omega(0) = \int_0^{\bar{T}} \pi(t)\,\mathrm{d}t = 1$$

所以

$$\Omega(t) = e^{-\int_0^t \pi_x(x)\,\mathrm{d}x}$$

代入式（3.47），得到：

$$\int_0^{\bar{T}} e^{-\int_0^t [j(x)+\pi_s(x)]\,\mathrm{d}x} [m(t) - c(t)]\,\mathrm{d}t \geqslant 0$$

而左边式子

$$\int_0^{\bar{T}} e^{-\int_0^t [j(x)+\pi_s(x)]\,\mathrm{d}x} [m(t) - c(t)]\,\mathrm{d}t$$

$$= \int_0^{\bar{T}} \Omega(t) e^{-\int_0^t j(x)\,\mathrm{d}x} [m(t) - c(t)]\,\mathrm{d}t$$

$$= \int_0^{\bar{T}} \Omega(t) e^{-\int_0^t j(x)\,\mathrm{d}x + \int_0^{\bar{T}} j(t)\,\mathrm{d}t - \int_0^{\bar{T}} j(t)\,\mathrm{d}t} [m(t) - c(t)]\,\mathrm{d}t$$

$$= \int_0^{\bar{T}} \Omega(t) e^{\int_t^{\bar{T}} j(x)\,\mathrm{d}x - \int_0^{\bar{T}} j(t)\,\mathrm{d}t} [m(t) - c(t)]\,\mathrm{d}t$$

$$= \int_0^{\bar{T}} \Omega(t) e^{\int_t^{\bar{T}} j(x)\,\mathrm{d}x} [m(t) - c(t)] e^{-\int_0^{\bar{T}} j(t)\,\mathrm{d}t}\,\mathrm{d}t$$

$$= \int_0^{\bar{T}} \Omega(t) S(t) e^{-\int_t^{\bar{T}} j(x)\,\mathrm{d}x}\,\mathrm{d}t$$

$$= E\left[S(t) e^{-\int_t^{\bar{T}} j(x)\,\mathrm{d}x} \right]$$

式（3.47）变为：

$$E\left[S(t) e^{-\int_t^{\bar{T}} j(x)\,\mathrm{d}x} \right] \geqslant 0$$

比较情况 1，

$$\mathrm{Prob}\{ S(t) \geqslant 0 \} = 1$$

等价于

$$\mathrm{Prob}\left\{ S(t) e^{-\int_t^{\bar{T}} j(x)\,\mathrm{d}x} \geqslant 0 \right\} = 1$$

把这个式子与式（3.47）的结果相比较，可以看出，消费者从没有寿险到有寿险的区别在于，没有寿险时是差不多要使 $S(T)$ 非负，而有了寿险，只需使 $S(T) e^{-\int_t^{\bar{T}} j(x)\,\mathrm{d}x}$ 的均值非负。

4. 组合问题：使用 Marshall 效用函数，有保险，还有证券投资

现在考虑这样一种情况，消费者既有一般的证券，也有保险。令 $S(t)$ 为消费者在 t 时刻所拥有的一般证券，而 $Q(t)$ 为保险。所有的资产都以美元核算。设总资产为：

$$R(t) = S(t) + Q(t)$$

而 $R(t)$ 为消费者的非利息收益减去消费加上利息收益：

$$R(t) = \int_0^t [m(\tau) - c(\tau)] \mathrm{d}\tau + \int_0^t r(\tau) Q(\tau) \mathrm{d}\tau + \int_0^t j(\tau) S(\tau) \mathrm{d}\tau$$

即

$$
\begin{aligned}
R(t) = & \int_0^t [m(\tau) - c(\tau)] \mathrm{d}\tau + \int_0^t r(\tau) R(\tau) \mathrm{d}\tau \\
& - \int_0^t r(\tau) S(\tau) \mathrm{d}\tau + \int_0^t j(\tau) S(\tau) \mathrm{d}\tau
\end{aligned}
$$

因为，$Q(\tau) = R(\tau) - S(\tau), r(\tau) = j(\tau) + \pi_\tau(\tau)$

上式变为：

$$R(t) = \int_0^t [m(\tau) - c(\tau)] \mathrm{d}\tau + \int_0^t r(\tau) R(\tau) \mathrm{d}\tau - \int_0^t \pi_\tau(\tau) S(\tau) \mathrm{d}\tau$$

两边对 t 求导，得到：

$$\dot{R}(t) = [m(t) - c(t)] + r(t) R(t) - \pi_t(t) S(t)$$

求解一阶常微分方程：

$$\frac{\dot{R}(t)}{R(t)} = r(t)$$

$$\ln R(t) - \ln R(\varepsilon) = \int_\varepsilon^t r(x) \mathrm{d}x$$

由常数变易法，设

$$R(t) = R(\varepsilon)e^{\int_\varepsilon^t r(x)\,\mathrm{d}x}G(t)$$

得到：

$$\dot{R}(t) = R(\varepsilon)r(t)e^{\int_\varepsilon^t r(x)\,\mathrm{d}x}G(t) + R(\varepsilon)e^{\int_\varepsilon^t r(x)\,\mathrm{d}x}G'(t)$$

$$= r(t)R(t) + R(\varepsilon)e^{\int_\varepsilon^t r(x)\,\mathrm{d}x}G'(t)$$

所以：

$$R(\varepsilon)e^{\int_\varepsilon^t r(x)\,\mathrm{d}x}G'(t) = m(t) - c(t) - \pi_t(t)S(t)$$

$$G'(t) = \frac{1}{R(\varepsilon)}e^{-\int_\varepsilon^t r(x)\,\mathrm{d}x}[m(t) - c(t) - \pi_t(t)S(t)]$$

$$G(t) - G(0) = \frac{1}{R(\varepsilon)}\int_0^t e^{-\int_\varepsilon^t r(x)\,\mathrm{d}x}[m(\tau) - c(\tau) - \pi_\tau(\tau)S(\tau)]\,\mathrm{d}\tau$$

代入 $R(t)$ 的表示式，得到：

$$R(t) = e^{\int_\varepsilon^t r(x)\,\mathrm{d}x}\int_0^t e^{-\int_\varepsilon^t r(x)\,\mathrm{d}x}[m(\tau) - c(\tau)$$

$$- \pi_\tau(\tau)S(\tau)]\,\mathrm{d}\tau - G(0)e^{\int_\varepsilon^t (x)\,\mathrm{d}x}$$

从 $R(0) = 0$，得到 $G(0) = 0$，因而：

$$R(t) = \int_0^t e^{\int_\varepsilon^t r(x)\,\mathrm{d}x}e^{-\int_\varepsilon^t r(x)\,\mathrm{d}x}[m(\tau) - c(\tau) - \pi_\tau(\tau)S(\tau)]\,\mathrm{d}\tau$$

$$= \int_0^t e^{\int_\varepsilon^t r(x)\,\mathrm{d}x}[m(\tau) - c(\tau) - \pi_\tau(\tau)S(\tau)]\,\mathrm{d}\tau \quad (3.50)$$

这一表示式里存在 c 与 S，需要决定这两个变量。

如同情况 3 一样，消费者必须在 $T - \Delta$ 时刻稳定他的账户，即 $Q(T - \Delta) \geq 0$。由于效用的不饱和性，应有 $Q(T - \Delta) = 0$，即 $R(T - \Delta) = S(T - \Delta)$。

由于

$$R(\bar{T} - \Delta) = \int_0^{\bar{T}-\Delta} e^{\int_\tau^{\bar{T}-\Delta} r(x)\mathrm{d}x} [m(\tau) - c(\tau) - \pi_\tau(\tau)S(\tau)]\,\mathrm{d}\tau$$
$$= S(T - \Delta)$$

两边同乘以 $e^{-\int_0^{\bar{T}-\Delta} r(x)\mathrm{d}x}$ ，得到：

$$R(\bar{T} - \Delta) = e^{-\int_0^{\bar{T}-\Delta} r(x)\mathrm{d}x} \int_0^{\bar{T}-\Delta} e^{\int_\tau^{\bar{T}-\Delta} r(x)\mathrm{d}x} [m(\tau) - c(\tau)$$
$$- \pi_\tau(\tau)S(\tau)]\,\mathrm{d}\tau = S(T - \Delta)e^{-\int_0^{\bar{T}-\Delta} r(x)\mathrm{d}x}$$

整理得到：

$$\int_0^{\bar{T}-\Delta} e^{-\int_0^{\tau} r(x)\mathrm{d}x} [m(\tau) - c(\tau) - \pi_\tau(\tau)S(\tau)]\,\mathrm{d}\tau = S(T - \Delta)e^{-\int_0^{\bar{T}-\Delta} r(x)\mathrm{d}x}$$

假设 $S(t)$ 是有限的，而 $e^{-\int_0^{\bar{T}-\Delta} r(x)\mathrm{d}x}$ 非常小，右侧趋于 0，而 Δ 非常小，则有：

$$\int_0^{\bar{T}} e^{-\int_0^{\tau} r(x)\mathrm{d}x} [m(\tau) - c(\tau) - \pi_\tau(\tau)S(\tau)]\,\mathrm{d}\tau = 0 \quad (3.51)$$

最大化下面的问题：

$$\max \int_0^{\bar{T}} \left\{ \Omega(t)\alpha(t)g[c(t)] + \pi(t)\beta(t)\varphi[S(t)] \right\}\mathrm{d}t$$
$$\mathrm{s.\,t.}\ c(t) \geqslant 0$$
$$\int_0^{\bar{T}} e^{-\int_0^{t} r(x)\mathrm{d}x} [m(t) - c(t) - \pi_t(t)S(t)]\mathrm{d}t = 0$$

设立以下拉格朗日函数：

$$L = \int_0^{\bar{T}} \left\{ \Omega(t)\alpha(t)g[c(t)] + \pi(t)\beta(t)\varphi[S(t)] \right\}\mathrm{d}t$$
$$+ \lambda \int_0^{\bar{T}} e^{-\int_0^{t} r(x)\mathrm{d}x} [m(t) - c(t) - \pi_t(t)S(t)]\mathrm{d}t$$

得到关于 c 的一阶条件:

$$\Omega(t)\alpha(t)g'[c(t)] = \lambda e^{-\int_0^t r(x)\,dx} \tag{3.52}$$

和关于 $S(t)$ 的一阶条件:

$$\pi(t)\beta(t)\varphi'[S(t)] = \lambda \pi_t(t) e^{-\int_0^t r(x)\,dx} \tag{3.53}$$

两式的两边同时取对数,然后关于时间 t 求导,得到:

$$\frac{\dot{\Omega}(t)}{\Omega(t)} + \frac{\dot{\alpha}(t)}{\alpha(t)} + \frac{g''[c(t)]}{g'[c(t)]}\dot{c}(t) = -r(t)$$

解出 $\dot{c}(t)$,得到:

$$\begin{aligned}
\dot{c}(t) &= -\left[r(t) + \frac{\dot{\Omega}(t)}{\Omega(t)} + \frac{\dot{\alpha}(t)}{\alpha(t)} \right]\frac{g'[c(t)]}{g''[c(t)]} \\
&= -\left[j(t) + \frac{\dot{\alpha}(t)}{\alpha(t)} \right]\frac{g'[c(t)]}{g''[c(t)]}
\end{aligned} \tag{3.54}$$

由式 (3.53),得到:

$$\pi(t)\beta(t)\varphi'[S(t)] = \lambda \frac{\pi(t)}{\Omega(t)} e^{-\int_0^t r(x)\,dx}$$

整理得到:

$$\Omega(t)\beta(t)\varphi'[S(t)] = \lambda e^{-\int_0^t r(x)\,dx}$$

两边取对数,并求导,得到:

$$\frac{\dot{\Omega}(t)}{\Omega(t)} + \frac{\dot{\beta}(t)}{\beta(t)} + \frac{\varphi''[S(t)]}{\varphi'[S(t)]}\dot{S}(t) = -r(t)$$

解出 $\dot{S}(t)$,得到:

$$\dot{S}(t) = -\left[r(t) - \frac{\pi(t)}{\Omega(t)} + \frac{\dot{\beta}(t)}{\beta(t)} \right]\frac{\varphi'[S(t)]}{\varphi''[S(t)]}$$

$$= - \left[j(t) + \frac{\dot{\beta}(t)}{\beta(t)} \right] \frac{\varphi'[S(t)]}{\varphi''[S(t)]} \qquad (3.55)$$

再一次得到，最佳消费计划与无风险时一致，而且，式（3.55）也给出了与式（3.54）相同的形式，只不过以 β 替代了 α，φ 替代了 g 而已。而且式（3.54）和式（3.55）最重要的性质是前者不涉及 S^*，后者不涉及 c^*。这意味着若保险是可行的，在储蓄只是大域地影响消费而不是局部影响消费的意义上，消费者可以把消费的决定从遗产的决定里分离出来。可以看到在情况 2 下即缺少保险时，这种分离是不可能的。

这一最大化问题的边际效用条件为：

$$\Omega(t)\alpha(t)g'[c(t)] = \frac{\pi(t)}{\pi_t(t)}\beta(t)\varphi'[S(t)] = \Omega(t)\beta(t)\varphi'[S(t)]$$

$$即\ \alpha(t)g'[c(t)] = \beta(t)\varphi'[S(t)] \qquad (3.56)$$

对所有的 t，当 $c(t) > 0$ 时成立。换言之，它是最优的，能使消费的边际效用与遗产的边际效用在任何时点相等。

在寿险需求方面，Fischer（1973）则研究了离散时间的生命循环动态模型。他设存在个人存活的最大期间 T，个人将在 $T+1$ 期死亡。他在 t 期的开头死亡的概率为 $\widetilde{\pi}_t^d$，在 t 期的生存概率为 $\widetilde{\pi}_t^a$，而他在 $t-1$ 期存活的条件下，在 t 期的开头死亡的条件概率为 π_t^d，在 t 期存活的条件概率为 π_t^a。若他在生存期间，则消费 C_t，得到他的效用，若他在 t 期的开头死亡，效用就涉及他的遗产 G_t。最大化他的期望效用：

$$E_1[U(C_1, \cdots, C_T, G_2, \cdots, G_{T+1})]$$
$$= E\left[\sum_{t=1}^{T} \widetilde{\pi}_t^a U_t(C_t) + \widetilde{\pi}_{t+1}^d V_{t+1}(G_{t+1}) \right] \qquad (3.57)$$

其中，

$$U_t(C_t) = \frac{C_t^{1-\beta}}{1-\beta} \tag{3.58}$$

$$V_t(C_t) = \dot{b}_t \frac{G_t^{1-\beta}}{1-\beta}, \beta > 0 \tag{3.59}$$

这里 $\dot{b}_t$ 函数被称为关于遗产的权重函数。作者在论文中加入一个期间的保险，在任意期间保费都是 I_t。若个人在 t 期末死亡，他的继承人得到 $Q_t I_t$，但是如果他还存活，则没有任何给付金。这个保险的购买，导致了在以后的期间不去购买保险。R_t 是债券的收益，$Q_t > R_t$。个人不能在 T 期购买保险，因为他的死亡是确定的。

当

$$\pi_{t+1}^d Q_t = R_t \tag{3.60}$$

时，保险是公平的，保险公司的利润是零。而保险是附加保险费的，当

$$p\pi_{t+1}^d Q_t = R_t, p > 1 \tag{3.61}$$

成立时，保险公司的期望利息率为：

$$\frac{p-1}{p}$$

存在寿险的附加保费因子在 1.5 至 3.0 之间随年龄而变化的证据，但文中仍假设它不随年龄而变化。

在 $t+1$ 期得到遗产 $w_T - C_T$，而

$$V_{T+1}(w_T, C_T) = \frac{\dot{b}_{T+1}(w_T - C_T)^{1-\beta}}{1-\beta} \tag{3.62}$$

$$V_T(C_T) = \frac{C_T^{1-\beta}}{1-\beta} \tag{3.63}$$

从后向前计算，求出合适的关于 C_T 的条件：

$$\max\left\{\frac{C_T^{1-\beta}}{1-\beta} + \dot{b}_{T+1}\frac{[R_T(w_T - C_T)]^{1-\beta}}{1-\beta}\right\} \qquad (3.64)$$

得到关于 C_T 的一阶条件：

$$C_T^{-\beta} - R_T\dot{b}_{T+1}[R_T(w_T - C_T)]^{-\beta} = 0 \qquad (3.65)$$

得到：

$$C_T = (R_T\dot{b}_{T+1})^{-\frac{1}{\beta}}R_T(w_T - C_T)$$

整理得到：

$$C_T[1 + R_T(R_T\dot{b}_{T+1})^{-\frac{1}{\beta}}] = (R_T\dot{b}_{T+1})^{-\frac{1}{\beta}}w_TR_T \qquad (3.66)$$

解出：

$$C_T = \frac{R_T(R_T\dot{b}_{T+1})^{-\frac{1}{\beta}}w_T}{1 + R_T(R_T\dot{b}_{T+1})^{-\frac{1}{\beta}}} \qquad (3.67)$$

令

$$C_T = k_T w_T$$

并设

$$k_T = \frac{R_T(R_T\dot{b}_{T+1})^{-\frac{1}{\beta}}}{1 + R_T(R_T\dot{b}_{T+1})^{-\frac{1}{\beta}}} = \hat{\gamma}_T^{\frac{1}{1-\beta}}w_T$$

把它代入式（3.63），得到间接效用函数：

$$J_1(w_T) = \hat{\gamma}_T\frac{w_T^{1-\beta}}{1-\beta}$$

之所以这样设是为了得到关于财富的间接效用函数的简单形式。

在倒数第二个期间，个人生存，并最大化他的效用。如果他在最后的期间生存，他得到效用 $J_1(w_T)$，如果在 $T-1$ 期末死亡，效用将如式（3.62）所示。他在 T 期生存的概率为 π_T^a，在 $T-1$ 期末死亡的概率为 π_T^d，$\pi_T^a + \pi_T^d = 1$。设贴现率为 $\dfrac{1}{1+\rho}$。

那么，最大化从倒数第二个期间到最后的效用：

$$J_2(w_{T-1}) = \max_{(C_{T-1}, w_{T-1}^l)} \left\{ \frac{C_{T-1}^{1-\beta}}{1-\beta} + \frac{\pi_T^a \dot{\gamma}_T (w_{T-1} - C_{T-1})^{1-\beta}}{(1+\rho)(1-\beta)} [(1 - w_{T-1}^l) R_{T-1}]^{1-\beta} \right.$$

$$\left. + \pi_T^d \dot{b}_T \frac{(w_{T-1} - C_{T-1})^{1-\beta}}{1-\beta} [(1 - w_{T-1}^l) R_{T-1} + Q_{T-1} w_{T-1}^l]^{1-\beta} \right\}$$

其中，w_{T-1}^l 是寿险保费占储蓄的比例。下一期的财富将是：

$$(w_{T-1} - C_{T-1})(1 - w_{T-1}^l) R_{T-1}$$

定义

$$\dot{b}_t \pi_t^d = b_t, \quad \frac{\dot{\gamma}_t \pi_t^a}{1+\rho} = \gamma_t$$

得到从倒数第二个期间到最后的效用最大化的一阶条件。关于 C_{T-1} 的一阶条件：

$$C_{T-1}^{-\beta} - \frac{\pi_T^a \gamma_T}{1+\rho} (w_{T-1} - C_{T-1})^{-\beta} [(1 - w_{T-1}^l) R_{T-1}]^{1-\beta} - \pi_t^d \dot{b}_T$$

$$(w_{T-1} - C_{T-1})^{-\beta} [(1 - w_{T-1}^l) R_{T-1} + Q_{T-1} w_{T-1}^l]^{1-\beta} = 0$$

即

$$C_{T-1}^{-\beta} = (w_{T-1} - C_{T-1})^{-\beta} \left\{ \gamma_T [(1 - w_{T-1}^l) R_{T-1}]^{1-\beta} + b_T [(1 - w_{T-1}^l) \right.$$

$$\left. R_{T-1} + Q_{T-1} w_{T-1}^l]^{1-\beta} \right\}$$

$$
= (w_{T-1} - C_{T-1})^{-\beta} \{ \gamma_T [(1 - w_{T-1}^I) R_{T-1}]^{1-\beta}
$$

$$
+ b_T [R_{T-1} + (Q_{T-1} - R_{T-1}) w_{T-1}^I]^{1-\beta} \} \qquad (3.68)
$$

关于 w_{T-1}^I 的一阶条件：

$$
- R_{T-1} \frac{\pi_T^a \gamma_T}{1+\rho} (w_{T-1} - C_{T-1})^{1-\beta} [(1 - w_{T-1}^I) R_{T-1}]^{-\beta}
$$

$$
+ \pi_T^d b_T (w_{T-1} - C_{T-1})^{1-\beta} (Q_{T-1} - R_{T-1}) [(1 - w_{T-1}^I) R_{T-1}
$$

$$
+ Q_{T-1} w_{T-1}^I]^{-\beta} = 0
$$

即

$$
- R_{T-1} \gamma_T [(1 - w_{T-1}^I) R_{T-1}]^{-\beta} + b_T (Q_{T-1} - R_{T-1}) [(1 - w_{T-1}^I)
$$

$$
R_{T-1} + Q_{T-1} w_{T-1}^I]^{-\beta} = 0
$$

改写为：

$$
- R_{T-1} \gamma_T [(1 - w_{T-1}^I) R_{T-1}]^{-\beta} + b_T (Q_{T-1} - R_{T-1}) [R_{T-1} +
$$

$$
(Q_{T-1} - R_{T-1}) w_{T-1}^I]^{-\beta} = 0
$$

或

$$
b_T (Q_{T-1} - R_{T-1}) [(1 - w_{T-1}^I) R_{T-1}]^{\beta} = R_{T-1} \gamma_T [R_{T-1} +
$$

$$
(Q_{T-1} - R_{T-1}) w_{T-1}^I]^{\beta} \qquad (3.69)
$$

为了解这两个方程，首先看：

$$
\left(\frac{C_{T-1}}{w_{T-1} - C_{T-1}} \right)^{-\beta} = \gamma_T [(1 - w_{T-1}^I) R_{T-1}]^{1-\beta} + b_T [R_{T-1} +
$$

$$
(Q_{T-1} - R_{T-1}) w_{T-1}^I]^{1-\beta}
$$

即

$$
\left(\frac{w_{T-1}}{C_{T-1}} - 1 \right)^{\beta} = \gamma_T [(1 - w_{T-1}^I) R_{T-1}]^{1-\beta} + b_T [R_{T-1} +
$$

$$(Q_{T-1} - R_{T-1})w_{T-1}^l]^{1-\beta}$$

如果设

$$C_{T-1} = \frac{\dot{k}_{T-1}}{1 + \dot{k}_{T-1}}w_{T-1}$$

则有：

$$\frac{w_{T-1}}{C_{T-1}} - 1$$

$$= \frac{1}{\dot{k}_{T-1}}$$

则式（3.68）变为：

$$\frac{1}{(\dot{k}_{T-1})^\beta} = \gamma_T [(1 - w_{T-1}^l)R_{T-1}]^{1-\beta} + b_T [R_{T-1} +$$

$$(Q_{T-1} - R_{T-1})w_{T-1}^l]^{1-\beta} \tag{3.70}$$

由式（3.69）得到：

$$b_T^{\frac{1}{\beta}}(Q_{T-1} - R_{T-1})^{\frac{1}{\beta}}[(1 - w_{T-1}^l)R_{T-1}] = R_{T-1}^{\frac{1}{\beta}}\gamma_T^{\frac{1}{\beta}}[R_{T-1} +$$

$$(Q_{T-1} - R_{T-1})w_{T-1}^l] \tag{3.71}$$

整理得到：

$$w_{T-1}^l [R_{T-1}^{\frac{1}{\beta}}\gamma_T^{\frac{1}{\beta}}(Q_{T-1} - R_{T-1}) + b_T^{\frac{1}{\beta}}(Q_{T-1} - R_{T-1})^{\frac{1}{\beta}}R_{T-1}]$$

$$= b_T^{\frac{1}{\beta}}(Q_{T-1} - R_{T-1})^{\frac{1}{\beta}}R_{T-1} - R_{T-1}^{\frac{1}{\beta}}\gamma_T^{\frac{1}{\beta}}R_{T-1}$$

因而得到：

$$b_T^{\frac{1}{\beta}}(Q_{T-1} - R_{T-1})^{\frac{1}{\beta}}[(1 - w_{T-1}^l)R_{T-1}] = R_{T-1}^{\frac{1}{\beta}}\gamma_T^{\frac{1}{\beta}}$$

$$[R_{T-1} + (Q_{T-1} - R_{T-1})w_{T-1}^l]$$

$$w_{T-1}^l = \frac{[b_T^{\frac{1}{\beta}}(Q_{T-1} - R_{T-1})^{\frac{1}{\beta}} - R_{T-1}^{\frac{1}{\beta}}\gamma_T^{\frac{1}{\beta}}]R_{T-1}}{b_T^{\frac{1}{\beta}}(Q_{T-1} - R_{T-1})^{\frac{1}{\beta}}R_{T-1} + R_{T-1}^{\frac{1}{\beta}}\gamma_T^{\frac{1}{\beta}}(Q_{T-1} - R_{T-1})}$$

由式（3.71）得到：

$$b_T^{\frac{1-\beta}{\beta}} (Q_{T-1} - R_{T-1})^{\frac{1-\beta}{\beta}} [(1 - w_{T-1}^I) R_{T-1}]^{1-\beta} = R_{T-1}^{\frac{1-\beta}{\beta}} \gamma_T^{\frac{1-\beta}{\beta}} [R_{T-1} + (Q_{T-1} - R_{T-1}) w_{T-1}^I]^{1-\beta}$$

而

$$[(1 - w_{T-1}^I) R_{T-1}]^{1-\beta} = b_T^{-\frac{1-\beta}{\beta}} (Q_{T-1} - R_{T-1})^{-\frac{1-\beta}{\beta}} R_{T-1}^{\frac{1-\beta}{\beta}} \gamma_T^{\frac{1-\beta}{\beta}} [R_{T-1} + (Q_{T-1} - R_{T-1}) w_{T-1}^I]^{1-\beta}$$

代入式（3.71），得到：

$$\frac{1}{(\hat{k}_{T-1})^\beta} = \gamma_T [(1 - w_{T-1}^I) R_{T-1}]^{1-\beta} + b_T [R_{T-1} + (Q_{T-1} - R_{T-1}) w_{T-1}^I]^{1-\beta}$$

$$= b_T^{-\frac{1-\beta}{\beta}} (Q_{T-1} - R_{T-1})^{-\frac{1-\beta}{\beta}} R_{T-1}^{\frac{1-\beta}{\beta}} \gamma_T^{\frac{1}{\beta}} [R_{T-1} + (Q_{T-1} - R_{T-1}) w_{T-1}^I]^{1-\beta} + b_T$$

$$[R_{T-1} + (Q_{T-1} - R_{T-1}) w_{T-1}^I]^{1-\beta} = [R_{T-1} + (Q_{T-1} - R_{T-1}) w_{T-1}^I]^{1-\beta}$$

$$[b_T + b_T^{-\frac{1-\beta}{\beta}} (Q_{T-1} - R_{T-1})^{-\frac{1-\beta}{\beta}} R_{T-1}^{\frac{1-\beta}{\beta}} \gamma_T^{\frac{1}{\beta}}]$$

$$= [R_{T-1} + (Q_{T-1} - R_{T-1}) w_{T-1}^I]^{1-\beta} \frac{[b_T^{\frac{1}{\beta}} (Q_{T-1} - R_{T-1})^{\frac{1-\beta}{\beta}} + R_{T-1}^{\frac{1-\beta}{\beta}} \gamma_T^{\frac{1}{\beta}}]}{b_T^{\frac{1-\beta}{\beta}} (Q_{T-1} - R_{T-1})^{\frac{1-\beta}{\beta}}}$$

$$\tag{3.72}$$

由上式，有：

$$(\hat{k}_{T-1})^\beta = \frac{b_T^{\frac{1-\beta}{\beta}} (Q_{T-1} - R_{T-1})^{\frac{1-\beta}{\beta}}}{[R_{T-1} + (Q_{T-1} - R_{T-1}) w_{T-1}^I]^{1-\beta} [b_T^{\frac{1}{\beta}} (Q_{T-1} - R_{T-1})^{\frac{1-\beta}{\beta}} + R_{T-1}^{\frac{1-\beta}{\beta}} \gamma_T^{\frac{1}{\beta}}]}$$

把式（3.72）代入上式，得到：

$$(\hat{k}_{T-1})^\beta = \frac{b_T^{\frac{1}{\beta}} (Q_{T-1} - R_{T-1})^{\frac{1-\beta}{\beta}}}{\left\{R_{T-1} + \frac{[b_T^{\frac{1}{\beta}} (Q_{T-1} - R_{T-1})^{\frac{1}{\beta}} - R_{T-1}^{\frac{1-\beta}{\beta}} \gamma_T^{\frac{1}{\beta}}] R_{T-1} (Q_{T-1} - R_{T-1})}{b_T^{\frac{1}{\beta}} (Q_{T-1} - R_{T-1})^{\frac{1}{\beta}} R_{t-1} + R_{T-1}^{\frac{1}{\beta}} \gamma_T^{\frac{1}{\beta}} (Q_{T-1} - R_{T-1})}\right\}^{1-\beta} [b_T^{\frac{1}{\beta}} (Q_{T-1} - R_{T-1})^{\frac{1-\beta}{\beta}} + R_{T-1}^{\frac{1-\beta}{\beta}} \gamma_T^{\frac{1}{\beta}}]}$$

$$= \frac{b_T^{\frac{1-\beta}{\beta}}(Q_{T-1} - R_{T-1})^{\frac{1-\beta}{\beta}}}{\left\{R_{T-1} + \frac{\left[b_T^{\frac{1}{\beta}}(Q_{T-1} - R_{T-1})^{\frac{1}{\beta}} - R_{T-1}^{\frac{1}{\beta}}\gamma_T^{\frac{1}{\beta}}\right]^{1-\beta}}{b_T^{\frac{1}{\beta}}(Q_{T-1} - R_{T-1})^{\frac{1}{\beta}-1} + R_{T-1}^{\frac{1}{\beta}-1}\gamma_T^{\frac{1}{\beta}}}\right\}}$$
$$\left[b_T^{\frac{1}{\beta}}(Q_{T-1} - R_{T-1})^{\frac{1-\beta}{\beta}} + R_{T-1}^{\frac{1}{\beta}}\gamma_T^{\frac{1}{\beta}}\right]$$

$$= \frac{b_T^{\frac{1-\beta}{\beta}}(Q_{T-1} - R_{T-1})^{\frac{1-\beta}{\beta}}}{\left[R_{T-1}b_T^{\frac{1}{\beta}}(Q_{T-1} - R_{T-1})^{\frac{1}{\beta}-1} + R_{T-1}^{\frac{1}{\beta}}\gamma_T^{\frac{1}{\beta}} + b_T^{\frac{1}{\beta}}(Q_{T-1} - R_{T-1})^{\frac{1}{\beta}} - R_{T-1}^{\frac{1}{\beta}}\gamma_T^{\frac{1}{\beta}}\right]^{1-\beta}\left[b_T^{\frac{1}{\beta}}(Q_{T-1} - R_{T-1})^{\frac{1-\beta}{\beta}} + R_{T-1}^{\frac{1}{\beta}}\gamma_T^{\frac{1}{\beta}}\right]^{\beta}}$$

$$= \frac{b_T^{\frac{1-\beta}{\beta}}(Q_{T-1} - R_{T-1})^{\frac{1-\beta}{\beta}}}{\left[b_T^{\frac{1}{\beta}}(Q_{T-1} - R_{T-1})^{\frac{1}{\beta}-1}(R_{T-1} + Q_{T-1} - R_{T-1})\right]^{1-\beta}\left[b_T^{\frac{1}{\beta}}(Q_{T-1} - R_{T-1})^{\frac{1-\beta}{\beta}} + R_{T-1}^{\frac{1-\beta}{\beta}}\gamma_T^{\frac{1}{\beta}}\right]^{\beta}}$$

$$= \frac{b_T^{\frac{1-\beta}{\beta}}(Q_{T-1} - R_{T-1})^{\frac{1-\beta}{\beta}}}{b_T^{\frac{1-\beta}{\beta}}(Q_{T-1} - R_{T-1})^{\frac{(1-\beta)'}{\beta}}Q_{T-1}^{1-\beta}\left[b_T^{\frac{1}{\beta}}(Q_{T-1} - R_{T-1})^{\frac{1-\beta}{\beta}} + R_{T-1}^{\frac{1-\beta}{\beta}}\gamma_T^{\frac{1}{\beta}}\right]^{\beta}}$$

$$= \frac{1}{(Q_{T-1} - R_{T-1})^{\beta-1}Q_{T-1}^{1-\beta}\left[b_T^{\frac{1}{\beta}}(Q_{T-1} - R_{T-1})^{\frac{1-\beta}{\beta}} + R_{T-1}^{\frac{1-\beta}{\beta}}\gamma_T^{\frac{1}{\beta}}\right]^{\beta}}$$

则

$$\hat{k}_T = \frac{1}{(Q_{T-1} - R_{T-1})^{-\frac{(1-\beta)}{\beta}}Q_{T-1}^{\frac{1}{\beta}}\left[b_T^{\frac{1}{\beta}}(Q_{T-1} - R_{T-1})^{\frac{1-\beta}{\beta}} + R_{T-1}^{\frac{1-\beta}{\beta}}\gamma_T^{\frac{1}{\beta}}\right]}$$

$$= \frac{Q_{T-1}}{(b_T Q_{T-1})^{\frac{1}{\beta}} + (\gamma_T Q_{T-1})^{\frac{1}{\beta}}R_{T-1}^{\frac{1-\beta}{\beta}}(Q_{t-1} - R_{T-1})^{-\frac{1-\beta}{\beta}}}$$

$$= \frac{Q_{T-1}}{(b_T Q_{T-1})^{\frac{1}{\beta}} + (\gamma_T Q_{T-1})^{\frac{1}{\beta}}\left(\frac{Q_{t-1} - R_{T-1}}{R_{T-1}}\right)^{\frac{\beta-1}{\beta}}}$$

对加上前一期间的效用，用同样的方法求解，可以得到 $T-2$ 期的最优选择和从 $T-2$ 期开始到最后的最大效用。依次计算，可以得出规律。

以上计算都是笔者给出的。

之所以要给出以上详细证明，是因为发达国家先于我国出现了人口老龄化问题，所以国外的研究是先于我们的。为了研究人口老龄化问题，首先要搞清楚前面的研究者都有什么模型，避免重复的研究。因为他们的文章中省略了很多计算和证明，所以，在此补充这些部分，使以后的研究者免于困惑。

第四章 最优退休时间决定模型

在人口老龄化问题的研究中，重要的问题是减缓人口老龄化发展的进度，减轻人口老龄化的程度，从根本上来说是提高生育率的问题。我国已经修改了人口政策，允许每个家庭生育两个孩子，这会使人口老龄化的速度有所减慢。由于这一政策 2016 年才正式实施，现在分析效果为时过早，所以，本书围绕人口老龄化的现时对策问题加以讨论。

我国属于发展中国家，提前进入了人口老龄化社会，因此我国没有那么多财政上的储备去应对社会养老保障金不足的问题。而我国的老年人也没有那么多储备去应对退休之后生活费、医疗费增加的问题。如果按我国现在的退休时间，男性为 60 岁，女性为 55 岁，势必有越来越多的人面临这些问题，国家财政必将面临更重的负担。

因此，在这一章中，我们研究人口老龄化面临的最重要的问题，即退休年龄的选择问题。为了减轻社会养老保障对财政造成的压力，很多先进国家纷纷推迟退休年龄，或者推迟领取养老金的年龄。另外，退休年龄的变化也带来了劳动供给的变化，对经济造成了很大的影响。退休后主要的经济来源是养老金，人口老龄化在这方面对财政造成很大压力，把本来可以用于研究开发和发展实体经济的资金用在了养老上。推迟退休，可以减轻财政上的压力，但是也存在年龄上升后生产效率降低和占用年轻人岗位等问题。本章从社会中个人的角度，研究生存期望的升高对个人退休时间选择的影响。第一节，主要介绍国外在这方面的研究，其中加入了笔者自己的证明。第二节，给出了关于退休时间最优选择的模型和计算。第三节，考虑了离散时间的动态模型，比较了早退休和推迟退休两种方案，以及两种选择对经济的影响和动态均衡水平。

第一节 国外关于退休时间的研究

Kalemli-Ozcan 和 Weil（2010）提出了退休年龄上升的不确定性影响。死亡率的下降通过两个方面影响退休年龄。第一，生存期望升高后会有更多年退休后的消费需要支付。第二，生存期望的升高会降低个人是否可以活到退休年龄的不确定性，这是不确定性的影响。

设定当工作时，

$$U = \ln c$$

当退休时，

$$U = \ln c + \gamma \tag{4.1}$$

其中，γ 表示闲暇。

生涯效用可以写为：

$$U = \int_0^T e^{-\theta x} [\ln c(x)] \mathrm{d}x + \int_R^T e^{-\theta x} \gamma \mathrm{d}x \tag{4.2}$$

这里，R 是退休年龄，T 是死亡年龄，$R \leqslant T$。我们取 0 期作为成年的开始期，排除了出生率和孩子的抚养成本。

在死亡是不确定的情况下，期望生涯效用为：

$$E(U) = \int_0^\infty e^{-\theta x} p(x) \ln[c(x)] dx + \int_R^\infty e^{-\theta x} p(x) \gamma dx \quad (4.3)$$

其中，$p(x)$ 为在年龄 x 时的生存期望。在这种情况下，R 是计划退休的年龄，在这个年龄之前死亡的人不存在退休的问题。

设个人工作得到工资为 w，实利率为 r。我们加上资产在所有时候都是非负的条件。首先考虑在确定条件下最优退休时间的选择问题。

1. 一般情况下的最优退休选择

以死亡年龄是确定的 T 为开始。个人的生涯预算约束为：

$$\int_0^R e^{-rx} w dx = \int_0^T e^{-rx} [c(x)] dx \quad (4.4)$$

个人在服从预算约束的条件下选择消费 $c(x)$ 和退休年龄 R 来最大化其效用。以下证明中的计算是笔者给出的。最优化问题为：

$$\max \left\{ \int_0^T e^{-\theta x} [\ln c(x)] dx + \int_R^T e^{-\theta x} \gamma dx \right\}$$

$$\text{s. t.} \int_0^R e^{-rx} w dx = \int_0^T e^{-rx} c(x) dx$$

设

$$L = \int_0^T e^{-\theta x} \ln[c(x)] dx + \int_R^T e^{-\theta x} \gamma dx + \lambda \left\{ \int_0^R e^{-rx} w dx - \int_0^T e^{-rx} [c(x)] dx \right\}$$

关于 c 求导，因为 T 是有限的，且 $\ln c(x)$ 的导函数是在

$[0,T]$上连续的，这样，微分可以与积分交换顺序，即可以在积分号内求导，得到：

$$\int_0^T \frac{e^{-\theta x}}{c(x)} \mathrm{d}x = \lambda \int_0^T e^{-rx} \mathrm{d}x$$

即

$$\int_0^T \left[\frac{e^{-\theta x}}{c(x)} - \lambda e^{-rx} \right] \mathrm{d}x = 0$$

对任意 λ 都成立。因而，应有：

$$\frac{e^{-\theta x}}{c(x)} - \lambda e^{-rx} = 0$$

即

$$\lambda c(x) = e^{(r-\theta)x} \qquad (4.5)$$

计算：

$$\int_0^R e^{-rx} w \mathrm{d}x$$

$$= -\frac{e^{-rx} w}{r} \Big|_0^R$$

$$= \frac{w}{r} - \frac{e^{-rR} w}{r}$$

$$= \frac{w}{r}(1 - e^{-rR})$$

预算约束式变为：

$$\int_0^T e^{-rx} [c(x)] \mathrm{d}x = \frac{w}{r}(1 - e^{-rR})$$

在最优化问题中，关于控制变量 R 的一阶导数为：

$$-e^{-\theta R} \gamma + \lambda w e^{-rR} = 0$$

即

$$\lambda = \frac{\gamma}{w}e^{(r-\theta)R} \tag{4.6}$$

把它代入式（4.5）中，得到：

$$\frac{\gamma}{w}e^{(r-\theta)R}c(x) = e^{(r-\theta)x}$$

两边关于 x 求导，得到：

$$\frac{\gamma}{w}e^{(r-\theta)R}\dot{c}(x) = (r-\theta)e^{(r-\theta)x}$$

两边同除以 $\frac{\gamma}{w}e^{(r-\theta)R}$，得到：

$$\dot{c}(x) = (r-\theta)\frac{w}{\gamma}e^{(r-\theta)(x-R)} \tag{4.7}$$

由式（4.5），式（4.7）可变为：

$$\dot{c}(x) = (r-\theta)\frac{w}{\gamma}\lambda c(x)e^{-(r-\theta)R} \tag{4.8}$$

再把

$$\lambda = \frac{\gamma}{w}e^{(r-\theta)R}$$

代入式（4.8），得到：

$$\dot{c}(x) = (r-\theta)c(x)$$

即

$$\frac{\dot{c}(x)}{c(x)} = r-\theta \tag{4.9}$$

两边关于 x 积分，即

$$\int_0^x \frac{\dot{c}(x)}{c(x)} \mathrm{d}x = \int_0^x (r - \theta) \mathrm{d}x$$

得到：

$$\ln[c(x)] - \ln[c(0)] = (r - \theta)x$$

即

$$c(x) = c(0) e^{(r-\theta)x} \qquad (4.10)$$

把它代入预算约束式（4.4）的左侧：

$$\int_0^T e^{-rx}[c(x)] \mathrm{d}x$$

$$= \int_0^T c(0) e^{-\theta x} \mathrm{d}x$$

$$= -\frac{c(0)}{\theta} e^{-\theta x} \Big|_0^T$$

$$= \frac{c(0)}{\theta} (1 - e^{-\theta T})$$

这样，式（4.4）变为：

$$\frac{c(0)}{\theta} (1 - e^{-\theta T}) = \frac{w}{r} (1 - e^{-rR})$$

由此，得到：

$$c(0) = \frac{\theta w (1 - e^{-rR})}{r(1 - e^{-\theta T})} \qquad (4.11)$$

代入式（4.10），得到：

$$c(x) = \frac{\theta w (1 - e^{-rR})}{r(1 - e^{-\theta T})} e^{(r-\theta)x} \qquad (4.12)$$

由式（4.5），得到：

$$\lambda = \frac{e^{(r-\theta)x}}{c(x)}$$

代入式（4.12）得到：

$$\lambda = \frac{r(1 - e^{-\theta T})}{\theta w(1 - e^{-rR})}$$

由关于 R 的一阶条件，即

$$-e^{-\theta R}\gamma + \lambda w e^{-rR} = 0$$

得到：

$$\gamma = \lambda w e^{(\theta-r)R}$$

$$= \frac{r(1 - e^{-\theta T})}{\theta e^{(r-\theta)R}(1 - e^{-rR})} \tag{4.13}$$

当 $R < T$ 时满足上式，否则，则有端点解，即 $R = T$。也就是说，不退休，一直工作，直到死亡。

由

$$e^{(r-\theta)R}(1 - e^{-rR}) = e^{(r-\theta)R} - e^{-\theta R}$$

由式（4.13）去分母，得到：

$$\gamma \theta e^{(r-\theta)R} - \gamma \theta e^{-\theta R} = r - r e^{-\theta T}$$

两边求微分，得到：

$$\left[\gamma \theta(r - \theta)e^{(r-\theta)R} + \gamma \theta^2 e^{-\theta R}\right] dR = \theta r e^{-\theta T} dT$$

整理得到：

$$\frac{dR}{dT} = \frac{r e^{-\theta T}}{\gamma(r - \theta)e^{(r-\theta)R} + \gamma \theta e^{-\theta R}}$$

$$= \frac{r}{\gamma e^{\theta(T-R)}\left[\theta + (r - \theta)e^{rR}\right]} \tag{4.14}$$

当 R 是内部解即 $R < T$ 时，$\dfrac{\mathrm{d}R}{\mathrm{d}T} > 0$。也就是说，当不存在不确定性时，生存期望的升高导致退休年龄的上升。

在有年金的情况下，考虑不确定的生存。按照 Yaari（1965）的观点，假设个人选择精算笔记形式的储蓄或借贷直到死亡。精算笔记形式的储蓄选取常规年金的形式。个人的预算约束为：

$$\int_0^R e^{-rx} p(x) w \mathrm{d}x = \int_0^T e^{-rx} p(x) c(x) \mathrm{d}x \qquad (4.15)$$

之所以这样设定，是因为假设生存时间 T 服从密度函数为 π 的概率分布，定义

$$p(t) = \int_t^{\bar{T}} \pi(\tau) \mathrm{d}\tau$$

其中，$\bar{T}$ 为最大生存时间。而消费期望为：

$$\int_0^T \pi(t) \int_0^t e^{-rx} c(x) \mathrm{d}x \mathrm{d}t$$

对上式实行分部积分，得到：

$$\int_0^T \pi(t) \int_0^t e^{-rx} c(x) \mathrm{d}x \mathrm{d}t$$

$$= \left[-p(x) \int_0^t e^{-rx} c(x) \mathrm{d}x \right]_0^T + \int_0^T p(t) e^{-rt} c(t) \mathrm{d}t$$

$$= \int_0^T p(t) e^{-rt} c(t) \mathrm{d}t$$

式（4.15）的左侧也同样，可以变为：

$$\int_0^T \pi(t) \int_0^t e^{-rx} w \mathrm{d}x = \int_0^T e^{-rt} p(t) w \mathrm{d}t = \int_0^R e^{-rt} p(t) w \mathrm{d}t$$

最后一个等式是因为在 $[R, T]$ 上 $w = 0$。

现在，考虑一般的生存期间不确定情况下的个人的最优化问题：

$$\max\left\{\int_0^T e^{-\theta x} p(x) \left[\ln c(x)\right] dx + \int_R^T e^{-\theta x} p(x)\, \gamma\, dx\right\}$$

$$\text{s. t. } \int_0^R e^{-rx} p(x) w dx = \int_0^T e^{-rx} p(x) c(x)\, dx$$

设拉格朗日函数为：

$$L = \int_0^T e^{-\theta x} p(x) \ln\left[c(x)\right] dx + \int_R^T e^{-\theta x}\gamma p(x) dx + \lambda\left[\int_0^R e^{-rx} p(x) w dx\right.$$

$$\left. - \int_0^T e^{-rx} p(x)\left[c(x)\right] dx\right]$$

关于 c 求导，得到：

$$\int_0^T \frac{p(x) e^{-\theta x}}{c(x)} dx = \lambda \int_0^T p(x) e^{-rx} dx$$

这里，因为在闭区间内导函数连续，即一致连续，所以微分号和积分号可以交换顺序，即在积分号内求导。

$$\int_0^T p(x)\left[\frac{e^{-\theta x}}{c(x)} - \lambda e^{-rx}\right] dx = 0$$

对任意 λ 都成立。因而，应有：

$$\frac{e^{-\theta x}}{c(x)} - \lambda e^{-rx} = 0$$

即

$$\lambda c(x) = e^{(r-\theta)x} \tag{4.16}$$

在最优化问题中，控制变量 R 的一阶导数为：

$$-e^{-\theta R}\gamma + \lambda w e^{-rR} = 0$$

即

$$\lambda = \frac{\gamma}{w} e^{(r-\theta)R} \qquad (4.17)$$

把它代入式（4.16）中，得到：

$$\frac{\gamma}{w} e^{(r-\theta)R} c(x) = e^{(r-\theta)x} \qquad (4.18)$$

在式（4.18）两边关于 x 求导，得到：

$$\frac{\gamma}{w} e^{(r-\theta)R} \dot{c}(x) = (r-\theta) e^{(r-\theta)x}$$

整理得到：

$$\dot{c}(x) = (r-\theta) \frac{w}{\gamma} e^{(r-\theta)(x-R)} \qquad (4.19)$$

由式（4.18），得到：

$$c(x) = \frac{w e^{(r-\theta)(x-R)}}{\gamma}$$

把它代入式（4.19），得到：

$$\dot{c}(x) = (r-\theta)c(x) \qquad (4.20)$$

即

$$\frac{\dot{c}(x)}{c(x)} = r - \theta$$

两边关于 x 积分，

$$\int_0^x \frac{\dot{c}(x)}{c(x)} dx = \int_0^x (r-\theta) dx$$

得到：

$$\ln[c(x)] - \ln[c(0)] = (r - \theta)x$$

即

$$c(x) = c(0)e^{(r-\theta)x} \tag{4.21}$$

代入预算约束式（4.15），预算约束式的右侧变为：

$$\int_0^T e^{-rx}p(x)c(x)\,\mathrm{d}x$$

$$= \int_0^T c(0)e^{-\theta x}p(x)\,\mathrm{d}x$$

这样，预算约束式（4.15）就变为：

$$c(0)\int_0^\infty e^{-\theta x}p(x)\,\mathrm{d}x = w\int_0^R e^{-rx}p(x)\,\mathrm{d}x$$

从这一预算约束式中解出 $c(0)$，得到：

$$c(0) = \frac{w\displaystyle\int_0^R e^{-rx}p(x)\,\mathrm{d}x}{\displaystyle\int_0^T e^{-\theta x}p(x)\,\mathrm{d}x} \tag{4.22}$$

代入式（4.21），得到：

$$c(x) = \frac{w\displaystyle\int_0^R e^{-rx}p(x)\,\mathrm{d}x}{\displaystyle\int_0^T e^{-\theta x}p(x)\,\mathrm{d}x}e^{(r-\theta)x} \tag{4.23}$$

又在式（4.16）中，代入 $\lambda = \dfrac{\gamma}{w}e^{(r-\theta)R}$，得到：

$$\frac{\gamma}{w}e^{(r-\theta)R}\frac{w\displaystyle\int_0^R e^{-rx}p(x)\,\mathrm{d}x}{\displaystyle\int_0^T e^{-\theta x}p(x)\,\mathrm{d}x} = 1$$

由此，解出 γ，得到：

$$\gamma = \frac{\displaystyle\int_0^T e^{-\theta x} p(x)\,\mathrm{d}x}{\displaystyle\int_0^R e^{-rx} p(x)\,\mathrm{d}x} e^{-(r-\theta)R}$$

$$= \frac{\displaystyle\int_0^T e^{-\theta x} p(x)\,\mathrm{d}x}{e^{(r-\theta)R} \displaystyle\int_0^R e^{-rx} p(x)\,\mathrm{d}x} \qquad (4.24)$$

2. 指数生存概率下的最优退休

现在转向死亡日期是不确定的情况。设个人具有常数的死亡概率 ρ。在年龄 x 时的生存概率为 $e^{-\rho x}$。在这里，$p(t) = e^{-\rho t}$。在生命开始时，他的期望效用为：

$$V = \int_0^\infty e^{-(\theta+\rho)x} \ln c(x)\,\mathrm{d}x + \int_R^\infty e^{-(\theta+\rho)x} \gamma \,\mathrm{d}x$$

首先考虑具有年金的情况。

在这种情况下，在式（4.24）中，

$$p(x) = e^{-\rho x}$$

$$\int_0^\infty e^{-\theta x} p(x)\,\mathrm{d}x$$

$$= \int_0^\infty e^{-(\rho+\theta)x}\,\mathrm{d}x$$

$$= \frac{1}{\rho+\theta}$$

而

$$\int_0^R e^{-rx} p(x)\,\mathrm{d}x$$

$$= \int_0^R e^{-(\rho+r)x}\,\mathrm{d}x$$

$$= -\frac{1}{\rho + r} e^{-(\rho+r)x} \Big|_0^R$$

$$= \frac{\left[1 - e^{-(\rho+r)R}\right]}{\rho + r}$$

代入式 (4.24) 中，得到：

$$\gamma = \frac{\displaystyle\int_0^\infty e^{-\theta x} p(x)\,\mathrm{d}x}{e^{(r-\theta)R}\displaystyle\int_0^R e^{-rx} p(x)\,\mathrm{d}x}$$

$$= \frac{(\rho + r)}{(\rho + \theta)e^{(r-\theta)R}\left[1 - e^{-(\rho+r)R}\right]} \qquad (4.25)$$

考虑 $\dfrac{\mathrm{d}R}{\mathrm{d}\rho}$。由

$$\gamma(\rho + \theta)e^{(r-\theta)R}\left[1 - e^{-(\rho+r)R}\right] = \rho + r$$

求全微分，得到：

$$\gamma e^{(r-\theta)R}\left[1 - e^{-(\rho+r)R}\right]\mathrm{d}\rho + \gamma R(\rho + \theta)e^{(r-\theta)R}e^{-(\rho+r)R}\mathrm{d}\rho$$
$$+ \gamma(r - \theta)(\rho + \theta)e^{(r-\theta)R}\left[1 - e^{-(\rho+r)R}\right]\mathrm{d}R + \gamma(\rho + \theta)(\rho + r)$$
$$e^{(r-\theta)R}e^{-(\rho+r)R}\mathrm{d}R = \mathrm{d}\rho$$

整理得到：

$$\gamma(\rho + \theta)\left\{(r - \theta)e^{(r-\theta)R}\left[1 - e^{-(\rho+r)R}\right] + (\rho + r)e^{-(\theta+r)R}\right\}\mathrm{d}R$$
$$= \left\{1 - \gamma e^{(r-\theta)R}\left[1 - e^{-(\rho+r)R}\right] - \gamma R(\rho + \theta)e^{(r-\theta)R}e^{-(\rho+r)R}\right\}\mathrm{d}\rho$$

因而，

$$\frac{\mathrm{d}R}{\mathrm{d}\rho} = \frac{1 - \gamma e^{(r-\theta)R}\left[1 - e^{-(\rho+r)R}\right] - \gamma R(\rho + \theta)e^{(r-\theta)R}e^{-(\rho+r)R}}{\gamma(\rho + \theta)\left\{(r - \theta)e^{(r-\theta)R}\left[1 - e^{-(\rho+r)R}\right] + (\rho + r)e^{-(\theta+r)R}\right\}}$$

$$= \frac{1 - \gamma\left\{e^{(r-\theta)R}\left[1 - e^{-(\rho+r)R}\right] + R(\rho + \theta)e^{-(\theta+\rho)r}\right\}}{\gamma(\rho + \theta)\left\{(r - \theta)e^{(r-\theta)R}\left[1 - e^{-(\rho+r)R}\right] + (\rho + r)e^{-(\theta+r)R}\right\}}$$

由

$$\gamma = \frac{r + \rho}{(\rho + \theta) e^{(r-\theta)R} \left[1 - e^{-(r+\rho)R} \right]}$$

代入 $\dfrac{\mathrm{d}R}{\mathrm{d}\rho}$ 的分子中第二项，得到：

$$- \gamma \left\{ e^{(r-\theta)R} \left[1 - e^{-(\rho+r)R} \right] + R(\rho + \theta) e^{-(\theta+\rho)R} \right\}$$

$$= - \frac{r + \rho}{\rho + \theta} - \frac{(r + \rho) R e^{-(\rho+r)R}}{1 - e^{-(r+\rho)R}}$$

$$= - (r + \rho) \left[\frac{1}{\rho + \theta} + \frac{R e^{-(r+\rho)R}}{1 - e^{-(r+\rho)R}} \right]$$

当 $r > \theta$ 时，上式的第一项小于 -1，而上式的第二项为负，因而上式小于 -1。代入 $\dfrac{\mathrm{d}R}{\mathrm{d}\rho}$ 的表示式中，$\dfrac{\mathrm{d}R}{\mathrm{d}\rho}$ 的分母由于 $\gamma > 0$ 而大于零，而分子却小于零。因而，$\dfrac{\mathrm{d}R}{\mathrm{d}\rho} < 0$。这就是说，生存期望的上升，提高了退休年龄。

3. 没有年金和没有流动性限制情况下的指数生存

在上面我们假设资产一定是非负的，这反过来意味着个人在死去时会保持正的资产。

在确定性下，计算个人生涯预算约束的具体表示：

$$\int_0^R e^{-rx} w \, \mathrm{d}x$$

$$= w \int_0^R e^{-rx} \, \mathrm{d}x$$

$$= - \frac{w}{r} e^{-rt} \Big|_0^R$$

$$= \frac{w}{r} (1 - e^{-rR})$$

个人在生存不确定的情况下，服从预算限制并最大化其生涯效用：

$$\max \int_0^\infty e^{-(\theta+\rho)x} \ln c(x)\,\mathrm{d}x + \int_R^\infty e^{-(\theta+\rho)x} \gamma\,\mathrm{d}x$$

$$\text{s. t.} \int_0^\infty e^{-rx} c(x)\,\mathrm{d}x = \frac{w}{r}(1 - e^{-rR}) \qquad (4.26)$$

对任意 T 足够大，设立拉格朗日函数：

$$L = \int_0^T e^{-(\theta+\rho)x} \ln c(x)\,\mathrm{d}x + \int_R^T e^{-(\theta+\rho)x} \gamma\,\mathrm{d}x + \lambda\left[\frac{w}{r}(1 - e^{-rR})\right.$$

$$\left. - \int_0^T e^{-rx} c(x)\,\mathrm{d}x\right]$$

得到关于 c 的一阶条件：

$$\int_0^T \left[e^{-(\theta+\rho)x}\frac{1}{c(x)} - \lambda e^{-rx}\right]\mathrm{d}x = 0$$

对任意 $T > 0$ 都成立。因而，应有：

$$\lambda c(x) = e^{(r-\theta-\rho)x}$$

在 $\lambda c(x) = e^{(r-\theta-\rho)x}$ 两边取对数，并关于 x 求导，得到：

$$\frac{\dot{c}(x)}{c(x)} = r - \theta - \rho$$

两边积分，得到：

$$c(x) = c(0)e^{(r-\theta-\rho)x} \qquad (4.27)$$

代入预算约束式（4.26）中，得到：

$$c(0)\int_0^\infty e^{-(\theta+\rho)x}\mathrm{d}x = \frac{w}{r}(1 - e^{-rR})$$

即

$$\frac{c(0)}{\theta + \rho} = \frac{w}{r}(1 - e^{-rR})$$

解出 $c(0)$，得到：

$$c(0) = \frac{w(\theta + \rho)}{r}(1 - e^{-rR}) \qquad (4.28)$$

代入目标函数中，

$$V(R) = \int_0^{\infty} e^{-(\theta + \rho)x} \ln c(x) \, dx + \int_R^{\infty} e^{-(\theta + \rho)x} \gamma \, dx$$

$$= \int_0^{\infty} e^{-(\theta + \rho)x} [\ln c(0) + (r - \theta - \rho)x] \, dx + \int_R^{\infty} e^{-(\theta + \rho)x} \gamma \, dx$$

$$= \frac{\ln c(0)}{\theta + \rho} + \int_0^{\infty} (r - \theta - \rho) x e^{-(\theta + \rho)x} \, dx + \frac{\gamma e^{-(\theta + \rho)R}}{\theta + \rho}$$

$$= \frac{\ln c(0)}{\theta + \rho} + (r - \theta - \rho) \int_0^{\infty} x e^{-(\theta + \rho)x} \, dx + \frac{\gamma e^{-(\theta + \rho)R}}{\theta + \rho}$$

$$= \frac{\ln c(0)}{\theta + \rho} + (r - \theta - \rho) \left[\frac{-x e^{-(\theta + \rho)x}}{\theta + \rho} \Big|_0^{\infty} + \frac{1}{\theta + \rho} \right.$$

$$\left. \int_0^{\infty} e^{-(\theta + \rho)x} \, dx \right] + \frac{\gamma e^{-(\theta + \rho)R}}{\theta + \rho}$$

$$= \frac{\ln c(0)}{\theta + \rho} + (r - \theta - \rho) \frac{1}{(\theta + \rho)^2} + \frac{\gamma e^{-(\theta + \rho)R}}{\theta + \rho}$$

$$= \frac{\ln(1 - e^{-rR})}{\theta + \rho} + \frac{\gamma e^{-(\theta + \rho)R}}{\theta + \rho} + \frac{\ln \dfrac{w(\theta + \rho)}{r}}{\theta + \rho} + \frac{r}{(\theta + \rho)^2} - \frac{1}{\theta + \rho}$$

上面第二个等式是把式（4.27）代入后的结果，第三个等式是计算了第一和第三个积分项后的结果，第五个等式是把第二个积分项进行积分的结果，最后一个等式是把式（4.28）代入第六个等式后的结果。

4. 流动性限制

在流动性限制下，以前的约束条件是不行的。因为，以前的约束条件允许在某个时点资产是负的。在流动性的约束下，有两种形式的最优。第一，一直不退休会是最优的。每一个时点的消费等于工资且总资产为零。第二，计划退休可以是最佳的，保有正资产并允许与一阶条件相一致的下降的消费路径。生涯效用在第一种情况下是：

$$U^{**} = \int_0^\infty (\ln w) e^{-(\theta+\rho)x} \mathrm{d}x = \frac{\ln w}{\theta+\rho}$$

在第二种情况下，如同上面所做，从生涯预算约束中得到：

$$c(0) = \frac{w(\theta+\rho)}{r}(1 - e^{-rR})$$

由 $c(0) \leqslant w$，得到：

$$\frac{(\theta+\rho)}{r}(1 - e^{-rR}) \leqslant 1$$

即

$$1 - e^{-rR} \leqslant \frac{r}{\theta+\rho}$$

再进行整理，得到：

$$e^{-rR} \geqslant 1 - \frac{r}{\theta+\rho} = \frac{\theta+\rho-r}{\theta+\rho}$$

对上式的两边取对数，得到：

$$-rR \geqslant \ln(\theta+\rho-r) - \ln(\theta+\rho)$$

得到：

$$R \leqslant \frac{1}{r}\left[\ln(\theta + \rho) - \ln(\theta + \rho - r)\right]$$

令

$$R^{**} = \frac{\ln(\theta + \rho) - \ln(\theta + \rho - r)}{r}$$

当 $R > R^{**}$ 时，$c(0) > w$，消费路径不可行。这样，把最优选择 $c(x)$ 代入目标函数：

$$V(R) = \int_0^\infty e^{-(\theta+\rho)x}\ln c(x)\,\mathrm{d}x + \int_R^\infty e^{-(\theta+\rho)x}\gamma\,\mathrm{d}x$$

$$= \frac{\ln(1 - e^{-rR})}{\theta + \rho} + \frac{\gamma e^{-(\theta+\rho)R}}{\theta + \rho} + \frac{\ln\dfrac{w(\theta + \rho)}{r}}{\theta + \rho}$$

$$+ \frac{r}{(\theta + \rho)^2} - \frac{1}{\theta + \rho}$$

为了求出最佳退休年龄，对 R 求导，得到：

$$\frac{\mathrm{d}V(R)}{\mathrm{d}R} = \frac{re^{-rR}}{(\theta + \rho)(1 - e^{-rR})} - \gamma e^{-(\theta+\rho)R}$$

令

$$\frac{\mathrm{d}V(R)}{\mathrm{d}R} = \frac{re^{-rR}}{(\theta + \rho)(1 - e^{-rR})} - \gamma e^{-(\theta+\rho)R} = 0$$

得到：

$$\frac{\mathrm{d}V(R)}{\mathrm{d}R} = \frac{re^{-rR}}{(\theta + \rho)(1 - e^{-rR})} - \gamma e^{-(\theta+\rho)R} = 0$$

由上式解出 γ 来，得到：

$$\gamma = \frac{re^{(\theta+\rho-r)R}}{(\theta + \rho)(1 - e^{-rR})}$$

第二节 适合我国实际情况的最优退休
时间研究（连续时间模型）

退休时间这个问题，是很多步入老龄化社会的国家都非常关注的问题，也是争论很多的问题。由于越来越多的人口步入老年，尤其是第二次世界大战后出生的婴儿潮一代步入了退休的行列，越来越多的国家面临现收现付制的社会养老保障系统难以为继的局面，因而，在 20 世纪末，发达国家就纷纷提出推迟退休年龄，或者虽然不推迟退休年龄，但推迟可以领取养老金的年龄。

这个问题在我国也是亟须解决的问题。我国还属于发展中国家，却提前进入了老龄化社会，这就使得我们国家的财政面临更大的养老负担。而我国的法定退休年龄相对西方国家要早得多，退休人员有很长一段依靠养老金的生活。我国以前实行低工资、低物价，由此来换取退休后领取养老金的体制，而当很多人退休之后却面临现在的高物价、高医疗支出的问题，这无疑会造成社会养老保障系统的巨大负担，而且也造成国家财政上的巨大负担。如果继续实行早退休政策，社会养老体系势必难以为继，现在对社会养老系统供款的一代将来退休时会面临领不到足够养老金的问题。

国家实行了一系列的政策以减轻财政上的负担，如事业单位实行养老金改革，允许进行部分风险投资，以及出台提高生育率的政策等，但是，最急切的问题还是退休年龄的问题。

一方面，对于国家的财政支出来说，晚退休会减少领取养老金的年限，有助于减少财政支出。另一方面，对于个人来说，推迟退休可以使人们工作更长时间，增加他们的生涯收入，使退休以后的生活更好。但是也存在知识老化、工作效率降低、体力不支等问题。在这里仅从收入角度讨论退休时间的决定问题。

在这个模型中，不从政府的角度考虑现收现付制社会养老保障的可持续性，而是考虑推迟退休和推迟领取退休金的年龄，以此减轻财政的负担。在这一节中，从个人的角度考虑，由于寿命的延长，老年人依靠养老金生活的年数会很长，他们除了养老保障外，还要有自己的积蓄才能更好地维持退休以后的生活。在短暂的工作期间，他们是否有了足够的积蓄以维持他们退休后的生活呢？我国过去平均工资水平较低，而很多人退休后面临的是物价升高的现实。对于年轻人来说，虽然其工资水平较父辈高，但他们面临的是高子女教育费用、高房价、高父母养老费用，到他们退休时，由于人口老龄化，下一代的人口减少，不能够支撑他们的社会养老保障，他们也面临是否有足够的钱养老的问题，同样，他们也面临何时退休的选择问题。如果政府制定的推迟退休政策，恰好也是个人的最优选择，那么将会提升政策执行的效率，减少道德风险。

在这一节中，为了简便，只考虑社会养老保障，个人在工作期间获得的收入除缴纳社会养老保障金外，其余的都用于消费，而退休后则依靠社会养老保障金生活。退休后，除了在消费上获得效用外，还有闲暇来增加效用。

本节的连续时间模型基于 Kalemli-Ozcan and Weil（2010）的模型，但是加以流动性限制，并加上了社会养老保障。这是因为在我国不存在为消费而借贷的问题，在我国实行的是流动性限制。

个人在工作期间，要对社会养老保障系统供款，在退休时得到养老保障金，维持退休后的生活，同时也得到闲暇。为了模型简单，与 Kalemli-Ozcan and Weil（2010）一样，假设在工作期间没有闲暇，所有时间都用于工作。本节的模型还去掉 Kalemli-Ozcan and Weil（2010）模型中的工资 w 是固定的，不随时间而改变的假设。因为这不符合我国的实际情况，在我国的改革开放时期，工资是上升的。

首先，从生存概率的计算开始。

年龄为 x 的人的余寿为 T_x，瞬间死亡率为 p。首先，要求出余寿的分布密度函数。

T_x 的分布函数为：

$$F_x(t) = p(T_x \leqslant t) = p(X - x \leqslant t / X > x)$$

其中，X 是寿命。而生存函数为：

$$S_x(t) = p(T_x > t) = p(X - x > t / X > x) = {}_t p_x$$

即在 x 岁，再存活 t 年的概率。

T_x 的分布密度函数为：

$$f_x(t) = \frac{\mathrm{d}F_x}{\mathrm{d}t} = -\frac{\mathrm{d}S_x}{\mathrm{d}t}$$

由于瞬间死亡率为 p，即死亡力为 p，由死亡力的定义，

$$\frac{f_x}{S_x} = p$$

即

$$\frac{-\dfrac{\mathrm{d}S_x}{\mathrm{d}t}}{S_x} = p$$

两边关于 t 积分，得到：

$$\ln S_x(t) = -pt$$

得到：

$$S_x(t) = S_x(0)e^{-pt}$$

由于在 x 岁时人是活着的，所以，寿命 X 比 x 长是必然的，所以 $S_x(0) = 1$，因而，

$$S_x(t) = e^{-pt}$$

由于 $f_x(t) = -\dfrac{\mathrm{d}S_x}{\mathrm{d}t}$，所以，

$$f_x(t) = pe^{-pt}$$

那么，

$$\begin{aligned} P(t) &= \int_t^\infty pe^{-pt}\mathrm{d}t \\ &= -e^{-pt}\Big|_t^\infty \\ &= e^{-pt} \end{aligned}$$

现在，假设获得的工资只用于社会养老保障系统的供款和消费。设 t 为个人的年龄。不失一般性，为了模型简单，假设个人的成年是从 0 岁开始。从 0 岁开始得到工资，所获工资除了对养老保障系统供款以外，其余用于消费，直到退休，即

$$C(t) = (1 - \tau)w(t) \tag{4.29}$$

而退休后获得社会养老保障金 $aw(T)$，全部用于消费，其中 $a < 1$，实际上是替代率。设退休时间为 T，也可以设为退休年龄，退休后的效用为 $R(T)$，它包括消费获得的效用

和闲暇获得的效用。考虑到生存的不确定性，定义

$$
\begin{aligned}
R(T) &= \int_T^\infty pe^{-pt} \int_T^t \ln C(x) e^{-\rho x} \mathrm{d}x\mathrm{d}t + \int_T^\infty pe^{-pt} \int_T^t \gamma e^{-\rho x} \mathrm{d}x\mathrm{d}t \\
&= -e^{-pt} \ln C(t) e^{-\rho t} \big|_T^\infty + \int_T^\infty e^{-pt} \ln C(t) e^{-\rho t} \mathrm{d}t - \left(e^{-\rho t} \gamma \int_T^t e^{-\rho x} \mathrm{d}x \right)_T^\infty \\
&\quad + \int_T^\infty \gamma e^{-(p+\rho)t} \mathrm{d}t \\
&= e^{-(p+\rho)T} \ln C(T) + \int_T^\infty e^{-(p+\rho)} \ln C(t) \mathrm{d}t \\
&\quad + \int_T^\infty \gamma e^{-(p+\rho)t} \mathrm{d}t
\end{aligned}
$$

得到：

$$
R(T) = \int_T^\infty \ln C(t) e^{-(\rho+p)t} \mathrm{d}t + \int_T^\infty \gamma e^{-(p+\rho)t} \mathrm{d}t + e^{-(p+\rho)T}
$$

$$(4.30)$$

而退休后的效用是退休时间 T 的函数。

而个人一生（生涯）的效用为：

$$
U(T) = \int_0^T \ln C(t) e^{-(\rho+p)t} \mathrm{d}t + R(T)
$$

即个人一生的效用是他退休前的效用与退休后的效用之和。

计算 $R(T)$：

$$
\int_T^\infty \ln C(t) e^{-(\rho+p)t} \mathrm{d}t + \int_T^\infty \gamma e^{-(\rho+p)t} \mathrm{d}t + e^{-(p+\rho)T} \ln C(T) + \gamma e^{-(p+\rho)T}
$$

即

$$
\int_T^\infty \ln[aw(T)] e^{-(\rho+p)t} \mathrm{d}t + \int_T^\infty \gamma e^{-(\rho+p)t} \mathrm{d}t + e^{-(p+\rho)T} \ln C(T)
$$

$$
= \ln[aw(T)] \int_T^\infty e^{-(\rho+p)t} \mathrm{d}t + \frac{\gamma}{\rho+p} e^{-(p+\rho)T} + e^{-(p+\rho)T} \ln C(T)
$$

$$= \ln[aw(T)]\left[-\frac{e^{-(\rho+p)t}}{\rho+p}\right]_T^\infty + \frac{\gamma e^{-(\rho+p)T}}{\rho+p} + e^{-(\rho+p)T}\ln C(T)$$

$$= \ln[aw(T)]\frac{e^{-(\rho+p)T}}{\rho+p} + \frac{\gamma e^{-(\rho+p)T}}{\rho+p} + e^{-(\rho+p)T}\ln C(T)$$

$$= e^{-(\rho+p)T}\left\{\frac{\ln[aw(T)]+\gamma}{\rho+p} + \ln[C(T)]\right\}$$

现在求出 T，使得个人的生涯效用 $U(T)$ 最大化：

首先，对退休后的效用 $R(T)$，求关于 T 的导数：

$$R'(T) = -(\rho+p)e^{-(\rho+p)T}\left\{\frac{\ln[aw(T)]+\gamma}{\rho+p}+\ln[C(T)]\right\}$$
$$+\left[\frac{w'(T)}{w(T)(\rho+p)}+\frac{C'(T)}{C(T)}\right]e^{-(\rho+p)T}$$
$$= -e^{-(\rho+p)T}\{\ln[aw(T)]+\gamma$$
$$+(\rho+p)\ln[C(T)]+\gamma(\rho+p)\} + \left[\frac{w'(T)}{w(T)(\rho+p)}\right.$$
$$\left.+\frac{C'(T)}{C(T)}\right]e^{-(\rho+p)T}$$
$$= e^{-(\rho+p)T}\left\{\frac{w'(T)}{w(T)(\rho+p)}+\frac{C'(T)}{C(T)}-\ln[aw(T)]\right.$$
$$\left.-(\rho+p)\ln[C(T)]-\gamma\right\}$$

现在考虑生涯效用函数关于 T 的导数：

$$U'(T) = \ln C(T)e^{-(\rho+p)T} + R'(T)$$

令其等于零，得到：

$$\ln C(T) + \frac{w'(T)}{w(T)(\rho+p)} + \frac{C'(T)}{C(T)} - \ln[aw(T)] - (\rho+p)$$
$$\ln[C(T)] - \gamma = 0$$

即

$$\frac{w'(T)}{w(T)(\rho+p)} + \frac{C'(T)}{C(T)} - \ln[aw(T)] + (1-\rho-p)\ln[C(T)]$$
$$-\gamma = 0 \qquad\qquad (4.31)$$

令

$$C(T) = aw(T)$$

式（4.31）变为：

$$\frac{w'(T)}{w(T)(\rho+p)} + \frac{aw'(T)}{aw(T)} - \ln[aw(T)] + (1-\rho-p)\ln[aw(T)]$$
$$-\gamma = 0$$

即

$$\frac{(1+\rho+p)w'(T)}{w(T)(\rho+p)} - (\rho+p)\ln[aw(T)] - \gamma = 0 \quad(4.32)$$

在上式中解出 γ，得到：

$$\gamma = \frac{(1+\rho+p)w'(T)}{w(T)(\rho+p)} - (\rho+p)\ln[aw(T)] \quad (4.33)$$

若 $w'(T)<0$，$aw(T)>1$，可以看到

$$U'(T) = \frac{(1+\rho+p)w'(T)}{w(T)(\rho+p)} - (\rho+p)\ln[aw(T)] - \gamma$$

为负。那么，T 越小，$U(T)$ 会越大，也就是越早退休越好。

这是因为当工资随时间而减少时（这里可以考虑实际工资，当工资不随通货膨胀而增长时，即造成实际工资的减少），早退休会改善退休后的待遇。现在设

$$\frac{(1+\rho+p)w'(T)}{w(T)(\rho+p)} - (\rho+p)\ln[aw(T)] > 0$$

那么 $\gamma>0$，对于给定的 γ，由式（4.33）可以求出最优

退休时间 T 来。

现在来看，最优的退休时间与哪些因素有关。设工资的增长率是常数，即

$$\frac{w'(T)}{w(T)} = \mu, \mu > 0$$

两边对 T 求积分，则有：

$$\ln w(T) = \ln w(0) + \mu T$$

则有：

$$w(T) = w(0)e^{\mu T}$$

代入式（4.32）：

$$\frac{(1 + \rho + p)\mu}{\rho + p} - (\rho + p)\ln[aw(0)] - (\rho + p)\mu T - \gamma = 0$$

从上式中解出 T 来，得到 T 的表示式：

$$T = \frac{(1 + \rho + p)}{(\rho + p)^2} - \frac{\ln[aw(0)]}{\mu} - \frac{\gamma}{\mu(\rho + p)} \quad (4.34)$$

从式（4.34）中可以看到，当 $aw(0) > 1$ 时，μ 越大，T 就越大，且 a 越大，T 就越大。而 γ 越大，T 就越小。而对死亡率 p 和贴现率 ρ 来说，令 $\rho + p = \kappa$，式（4.34）变为：

$$T = \frac{1 + \kappa}{\kappa^2} - \frac{\ln[aw(0)]}{\mu} - \frac{\gamma}{\mu\kappa}$$

$$= \frac{\mu + \mu\kappa - \gamma\kappa}{\mu\kappa^2} - \frac{\ln[aw(0)]}{\mu}$$

$$= \frac{\mu + (\mu - \gamma)\kappa}{\mu\kappa^2} - \frac{\ln[aw(0)]}{\mu}$$

对第一项关于 κ 求导，得到：

$$\frac{(\mu - \gamma)\kappa^2 - 2\kappa[\mu + (\mu - \gamma)\kappa]}{\mu\kappa^4}$$

$$= \frac{(\mu - \gamma)\kappa^2 - 2\kappa\mu - 2\kappa^2(\mu - \gamma)}{\mu\kappa^4}$$

$$= \frac{-(\mu - \gamma)\kappa^2 - 2\kappa\mu}{\mu\kappa^4}$$

$$= \frac{-(\mu - \gamma)\kappa - 2\mu}{\mu\kappa^3}$$

当 $\mu > \gamma$ 时，T 的表示式里的第一项关于 κ 的导数是负的，即 T 关于 $\kappa = \rho + p$ 是递减的，也就是说，$\kappa = \rho + p$ 越大，则 T 越小。这就表明，当死亡率越高时，退休的时间越早。当贴现率 ρ 越大时，也就是个人对将来的效用越不重视时，退休的时间越早。

再看式（4.33）：

$$\gamma = \frac{(1 + \rho + p)\mu}{\rho + p} - (\rho + p)\ln[aw(T)]$$

$$= \mu + \frac{\mu}{\rho + p} - (\rho + p)\ln[aw(T)]$$

当 $aw(T) > 1$，且 $\mu - (\rho + p)^2\ln(aw(T)) < 0$ 时，有 $\gamma < \mu$。

而当 $\mu < \gamma$，且 $\rho + p = \kappa > \dfrac{2\mu}{\gamma - \mu}$ 时，T 的表示式的第一项关于 $\rho + p$ 是递增的，即 $\rho + p$ 越大，退休时间越晚。当 $\mu < \gamma$，且 $\rho + p = \kappa < \dfrac{2\mu}{\gamma - \mu}$ 时，T 的表示式中第一项关于 $\rho + p$ 是递减的，即 $\rho + p$ 越大，退休时间越早。最后看 $\dfrac{2\mu}{\gamma - \mu}$：

$$\frac{2\mu}{\gamma - \mu} = \frac{2\mu(\rho + p)}{\mu - (\rho + p)^2\ln[aw(T)]}$$

$$= (\rho + p) \frac{2\mu}{\mu - (\rho + p)^2 \ln [aw(T)]}$$

当 $aw(T) > 1$ 时，有 $\rho + p = \kappa < \dfrac{2\mu}{\gamma - \mu}$ 成立，这样，$\rho + p$ 越大，退休时间越早。

总结起来，工资的增长率 μ 越大，则退休时间就越晚；替代率越大，退休时间就越晚；闲暇的效用越大，退休时间就越早；当 $aw(T) > 1$ 时，死亡率 p 和贴现率 ρ 越大，退休时间越早。

现在考虑有储蓄的情况。个人在缴纳社会养老保险金以外，还会储蓄，以补充将来退休后的养老金，用于退休后的消费。

那么，在工作阶段，个人的消费为：

$$C(t) = (1 - \tau)w(t) - s(t)$$

而 $s(t)$ 为个人的储蓄，他的储蓄等于投资，所以人均资本的变化为：

$$\dot{k} = (1 - \delta)k(t) + s(t)$$

其中 δ 表示资本的损耗率。

即

$$\dot{k} = (1 - \delta)k(t) + (1 - \tau)w(t) - C(t) \qquad (4.35)$$

而退休后的预算约束为：

$$\int_T^\infty C(t)e^{-rt}dt = \int_T^\infty aw(T)e^{-rt}dt + \int_0^T s(t)e^{rt}dt \qquad (4.36)$$

现在，对这个预算约束式加以说明。

这个预算约束式的左侧把退休以后的消费全部合到了退

休时点，而右侧第一项是养老金收入在退休时点的贴现值，第二项则是储蓄在退休时点的值。这样，动态最优化的问题就变为：

$$\max U(t) = \int_0^T \ln C(t) e^{-(\rho+p)t} \, dt + R(T)$$

$$\text{s. t. } \dot{k} = (1-\delta)k(t) + (1-\tau)w(t) - C(t)$$

$$\int_T^\infty C(t) e^{-rt} \, dt = \int_T^\infty aw(T) e^{-rt} \, dt + \int_0^T s(t) e^{rt} \, dt$$

首先计算退休后的效用最大化问题：

$$\max R(T) = \int_T^\infty \ln C(t) e^{-(\rho+p)t} \, dt + \int_T^\infty \gamma e^{-(\rho+p)t} \, dt + e^{-(\rho+p)T} \ln C(T)$$

$$\text{s. t. } \int_T^\infty C(t) e^{-rt} \, dt = \int_T^\infty aw(T) e^{-rt} \, dt + \int_0^T s(t) e^{rt} \, dt$$

对任意充分大的 $T' > T$，设立拉格朗日函数：

$$L = \int_T^{T'} \ln C(t) e^{-(\rho+p)t} \, dt + \int_T^{T'} \gamma e^{-(\rho+p)t} \, dt + e^{-(\rho+p)T} \ln C(T)$$

$$+ \lambda \Big[\int_T^{T'} aw(T) e^{-rt} \, dt + \int_0^T s(t) e^{rt} \, dt - \int_T^{T'} C(t) e^{-rt} \, dt \Big]$$

对 c 求导，得到：

$$\int_T^{T'} \frac{1}{C} e^{-(\rho+p)t} \, dt - \lambda \int_T^{T'} e^{-rt} \, dt = 0$$

即

$$\int_T^{T'} \Big[\frac{1}{C} e^{-(\rho+p)t} - \lambda e^{-rt} \Big] dt = 0$$

那么，就应有：

$$\frac{e^{-(\rho+p)t}}{C(t)} = \lambda e^{-rt}$$

即

$$C(t) = \frac{e^{(r-\rho-p)t}}{\lambda} \tag{4.37}$$

在上式的两边取对数，得到：

$$\ln C(t) = (r - \rho - p)t - \ln\lambda$$

再在上式两边对 t 求导，得到（这里 λ 对时间来说不变）：

$$\frac{\dot{C}(t)}{C(t)} = r - \rho - p$$

对上式在 $[T, t]$ 区间积分，得到：

$$\ln[C(t)] - \ln[C(T)] = (\gamma - \rho - p)(t - T)$$

得到：

$$C(t) = C(T)e^{(r-\rho-p)(t-T)} \tag{4.38}$$

那么，预算是否可以支持这一消费路径呢？它依赖于开始的消费，即 $C(T)$ 的选择。把上式代入退休后预算约束式（4.36）：

$$\int_T^\infty C(t)e^{-rt}\mathrm{d}t = \int_T^\infty aw(T)e^{-rt}\mathrm{d}t + \int_0^T s(t)e^{rt}\mathrm{d}t$$

得到：

$$C(T)\int_T^\infty e^{-(\rho+p)t}\mathrm{d}t = aw(T)\int_T^\infty e^{-rt}\mathrm{d}t + \int_0^T s(t)e^{rt}\mathrm{d}t$$

对上式的左侧和右侧的第一项分别积分，得到：

$$\frac{C(T)}{\rho+p}e^{-(\rho+p)T} = \frac{aw(T)e^{-rT}}{r} + \int_0^T s(t)e^{rt}\mathrm{d}t$$

即

$$C(T) = \frac{a(\rho + p)w(T)e^{(\rho+p-r)T}}{r} + (\rho + p)e^{(\rho+p)T}\int_0^T s(t)e^{rt}dt$$

$$(4.39)$$

若上式满足，预算约束就会满足。

下面计算 $R(T)$，代入式（4.38）中 $C(t)$ 的值，得到：

$$R(T) = \int_T^\infty \ln C(t)e^{-(\rho+p)t}dt + \int_T^\infty \gamma e^{-(\rho+p)t}dt + e^{-(\rho+p)T}$$

$$\ln C(T) + \gamma e^{-(\rho+p)T}$$

$$= \ln C(T)\int_T^\infty e^{-(\rho+p)t}dt + \int_T^\infty (r - \rho - p)(t - T)e^{-(\rho+p)t}dt$$

$$+ \gamma \int_T^\infty e^{-(\rho+p)t}dt + e^{-(\rho+p)T}\ln C(T) + \gamma e^{-(\rho+p)T}$$

$$= \frac{\ln C(T)}{\rho + p}e^{-(\rho+p)T} - \int_T^\infty (r - \rho - p)Te^{-(\rho+p)t}dt$$

$$+ \int_T^\infty (r - \rho - p)te^{-(\rho+p)t}dt + \frac{\gamma}{\rho + p}e^{-(\rho+p)T} + e^{-(\rho+p)T}$$

$$\ln C(T) + \gamma e^{-(\rho+p)T} = \frac{\ln C(T)}{\rho + p}e^{-(\rho+p)T}$$

$$- \frac{(r - \rho - p)T}{\rho + p}e^{-(\rho+p)T} + (r - \rho - p)\left\{\frac{-1}{\rho + p}\left[te^{-(\rho+p)t}\right]_T^\infty\right.$$

$$+ \left.\frac{1}{\rho + p}\int_T^\infty e^{-(\rho+p)t}dt\right\} + \frac{\gamma}{\rho + p}e^{-(\rho+p)T} + e^{-(\rho+p)T}$$

$$\ln C(T) + \gamma e^{-(\rho+p)T}$$

$$= \frac{\ln C(T)}{\rho + p}e^{-(\rho+p)T} - \frac{(r - \rho - p)T}{\rho + p}e^{-(\rho+p)T} + \frac{(r - \rho - p)}{\rho + p}Te^{-(\rho+p)T}$$

$$+ \frac{(r - \rho - p)e^{-(\rho+p)T}}{(\rho + p)^2} + \frac{\gamma}{\rho + p}e^{-(\rho+p)T} + e^{-(\rho+p)T}$$

$$\ln C(T) + \gamma e^{-(\rho+p)T}$$

$$= \left[\frac{\ln C(T)}{\rho + p} - \frac{(r - \rho - p)T}{\rho + p} + \frac{(r - \rho - p)}{\rho + p}T + \frac{(r - \rho - p)}{(\rho + p)^2}\right.$$

$$+ \frac{\gamma}{\rho + p} \Big] e^{-(\rho+p)T} + e^{-(\rho+p)T} \ln C(T) + \gamma e^{-(\rho+p)T}$$

$$= \Big[\Big(1 + \frac{1}{\rho + p} \Big) \ln C(T) + \frac{(r - \rho - p)}{(\rho + p)^2} + \frac{\gamma}{\rho + p} \Big] e^{-(\rho+p)T}$$

$$(4.40)$$

求 $R'(T)$:

$$R'(T) = -(\rho + p)\Big[\Big(1 + \frac{1}{\rho + p} \Big) \ln C(T) + \frac{(r - \rho - p)}{(\rho + p)^2}$$

$$+ \frac{\gamma}{\rho + p} \Big] e^{-(\rho+p)T} + \frac{C'(T)}{C(T)} \Big(1 + \frac{1}{\rho + p} \Big) e^{-(\rho+p)T}$$

$$= \Big(\frac{C'(T)}{C(T)} \Big(1 + \frac{1}{\rho + p} \Big) - (\rho + p) \Big\{ \Big(1 + \frac{1}{\rho + p} \Big)$$

$$\ln[C(T)] + \frac{(r - \rho - p)}{(\rho + p)^2} + \frac{\gamma}{\rho + p} \Big\} \Big) e^{-(\rho+p)T}$$

$$= \Big\{ \frac{C'(T)}{C(T)} \Big(1 + \frac{1}{\rho + p} \Big) - (1 + \rho + p) \ln[C(T)]$$

$$- \frac{(r - \rho - p)}{\rho + p} - \gamma \Big\} e^{-(\rho+p)T}$$

接着，考虑退休前的效用最大化问题：

$$\max \int_0^T \ln C(t) e^{-(\rho+p)t} \, \mathrm{d}t$$

$$\mathrm{s.t.} \ \dot{k} = (1 - \delta)k(t) + (1 - \tau)w(t) - C(t)$$

$$k(0) = k_0$$

首先设立哈密尔顿函数：

$$H = \ln C(t) e^{-(\rho+p)t} + \lambda(t)[(1 - \delta)k(t) + (1 - \tau)w(t) - C(t)]$$

由附录第一节关于控制论的解法可知，关于 C 的一阶条件为：

$$\frac{e^{-(\rho+p)t}}{C(t)} - \lambda(t) = 0$$

即

$$\lambda(t) = \frac{e^{-(\rho+p)t}}{C(t)} \tag{4.41}$$

由最大值原理可知：

$$\dot{\lambda} = -\lambda(1-\delta) \tag{4.42}$$

对式（4.41）两边关于 t 求导，得到：

$$\dot{\lambda}(t) = -\frac{\dot{C}(t)e^{-(\rho+p)t}}{C^2(t)} - \frac{(\rho+p)e^{-(\rho+p)t}}{C(t)}$$

把式（4.42）代入上式，得到：

$$-\frac{\dot{C}(t)e^{-(\rho+p)t}}{C^2(t)} - \frac{(\rho+p)e^{-(\rho+p)t}}{C(t)} = -\lambda(1-\delta)$$

再把式（4.41）代入上式，得到：

$$\frac{\dot{C}(t)e^{-(\rho+p)t}}{C^2(t)} + \frac{(\rho+p)e^{-(\rho+p)t}}{C(t)} = \frac{(1-\delta)e^{-(\rho+p)t}}{C(t)}$$

化简，上式两边同乘以 $C(t)e^{(\rho+p)t}$，得到：

$$\frac{\dot{C}(t)}{C(t)} + \rho + p = 1 - \delta$$

即

$$\frac{\dot{C}(t)}{C(t)} = 1 - \delta - \rho - p$$

假设 $1-\delta-\rho-p > 0$，对上式两边在 $[0, t]$ 区间积分，

得到：

$$\ln C(t) - \ln C(0) = (1 - \rho - p - \delta)t$$

得到：

$$C(t) = C(0)e^{(1-\rho-p-\delta)t}$$

当 $t = T$ 时，

$$C(T) = C(0)e^{(1-\rho-p-\delta)T} \tag{4.43}$$

代入关于 $C(T)$ 的约束式（4.39），得到：

$$C(0)e^{(1-\rho-p-\delta)T} = \frac{a(\rho+p)w(T)e^{(\rho+p-r)T}}{r} + (\rho+p)e^{(\rho+p)T}\int_0^T s(t)e^{rt}\mathrm{d}t$$

得到：

$$C(0) = \frac{a(\rho+p)w(T)e^{(2\rho+2p+\delta-r-1)T}}{r} + (\rho+p)e^{(2\rho+2p+\delta-1)T}\int_0^T s(t)e^{rt}\mathrm{d}t$$

也就是说，当 $C(0)$ 满足上式时，$C(t)$ 是连续的。

代入目标函数中，

$$\int_0^T \ln C(t)e^{-(\rho+p)t}\,\mathrm{d}t$$

$$= \ln C(0)\int_0^T e^{-(\rho+p)t}\mathrm{d}t + (1-\rho-p-\delta)\int_0^T te^{-(\rho+p)t}\mathrm{d}t$$

$$= -\frac{\ln C(0)}{\rho+p}e^{-(\rho+p)t}\Big|_0^T + (1-\rho-p-\delta)\Big[-\frac{te^{-(\rho+p)t}\big|_0^T}{\rho+p}$$

$$+ \int_0^T \frac{e^{-(\rho+p)t}}{\rho+p}\mathrm{d}t\Big]$$

$$= \frac{\ln C(0)}{\rho+p}\big[1 - e^{-(\rho+p)T}\big] + (1-\rho-p-\delta)\Big[-\frac{Te^{-(\rho+p)T}}{\rho+p}$$

$$+ \frac{-e^{-(\rho+p)t}}{(\rho+p)^2}\Big|_0^T\Big]$$

$$= \frac{\ln C(0)}{\rho + p}\left[1 - e^{-(\rho+p)T}\right] + (1 - \rho - p - \delta)\left[-\frac{Te^{-(\rho+p)T}}{\rho + p}\right.$$

$$\left. + \frac{1 - e^{-(\rho+p)T}}{(\rho + p)^2}\right]$$

$$= \left[\frac{\ln C(0)}{\rho + p} + \frac{(1 - \rho - p - \delta)}{(\rho + p)^2}\right]\left[1 - e^{-(\rho+p)T}\right] -$$

$$(1 - \rho - p - \delta)\frac{Te^{-(\rho+p)T}}{\rho + p}$$

再把结果代入 $U(T)$ 的表示式中，得到：

$$U(T) = \int_0^T \ln C(t) e^{-(\rho+p)t}\,\mathrm{d}t + R(T)$$

$$= \left[\frac{\ln C(0)}{\rho + p} + \frac{(1 - \rho - p - \delta)}{(\rho + p)^2}\right]\left[1 - e^{-(\rho+p)T}\right] -$$

$$(1 - \rho - p - \delta)\frac{Te^{-(\rho+p)T}}{\rho + p}$$

$$+ \left[\left(1 + \frac{1}{\rho + p}\right)\ln C(T) + \frac{(r - \rho - p)}{(\rho + p)^2} + \frac{\gamma}{\rho + p}\right]e^{-(\rho+p)T}$$

对 $U(T)$ 关于 T 求导，得到：

$$U'(T) = \ln C(T) e^{-(\rho+p)T} + R'(T)$$

即

$$U'(T) = \ln C(T) e^{-(\rho+p)T} + \left\{\frac{C'(T)}{C(T)}\left(1 + \frac{1}{\rho + p}\right) - (1 + \rho + p)\right.$$

$$\ln[C(T)] - \frac{(r - \rho - p)}{\rho + p} - \gamma\left.\right\}e^{-(\rho+p)T}$$

$$= \left\{\frac{C'(T)}{C(T)}\left(1 + \frac{1}{\rho + p}\right) - (\rho + p)\ln[C(T)] - \right.$$

$$\frac{(r - \rho - p)}{\rho + p} - \gamma\left.\right\}e^{-(\rho+p)T}$$

令

$$U'(T) = 0$$

得到：

$$\frac{C'(T)}{C(T)}\left(1 + \frac{1}{\rho + p}\right) - (\rho + p)\ln[C(T)] - \frac{(r - \rho - p)}{\rho + p} - \gamma = 0$$

$$(4.44)$$

当 $\gamma = \dfrac{C'(T)}{C(T)(\rho + p)}\left(1 + \dfrac{1}{\rho + p}\right) - (\rho + p)\ln[C(T)] -$

$\dfrac{r - \rho - p}{(\rho + p)}$ 时，式（4.44）成立。这要求 $C'(T) > 0$，或 $r < \rho +$

p，即消费关于时间 T 是递增的，或利息率小于贴现率与死亡率之和。

现在考虑资本的运动方程，由式（4.35）

$$\dot{k} = (1 - \delta)k(t) + s(t)$$

在上式两边乘以 e^{rt}，得到：

$$\dot{k}e^{rt} = (1 - \delta)k(t)e^{rt} + s(t)e^{rt}$$

在上式两边关于 t 在 $[0, T]$ 上积分，得到：

$$\int_0^T \dot{k}e^{rt}\mathrm{d}t = (1 - \delta)\int_0^T k(t)e^{rt}\mathrm{d}t + \int_0^T s(t)e^{rt}\mathrm{d}t$$

得到：

$$\begin{aligned}
\int_0^T s(t)e^{rt}\mathrm{d}t &= \int_0^T \dot{k}e^{rt}\mathrm{d}t - (1 - \delta)\int_0^T k(t)e^{rt}\mathrm{d}t \\
&= \frac{k(t)e^{rt}}{r}\Big|_0^T - \frac{1}{r}\int_0^T k(t)e^{rt}\mathrm{d}t - (1 - \delta)\int_0^T k(t)e^{rt}\mathrm{d}t \\
&= \frac{k(T)e^{rT} - k(0)}{r} - \left(\frac{1}{r} + 1 - \delta\right)\int_0^T k(t)e^{rt}\mathrm{d}t
\end{aligned}$$

第二行是由对第一项分部积分得到的，经过整理，得到第三行。再对上式两边关于 $k(t)$ 求偏导，得到：

$$\frac{\partial \int_0^T s(t) e^{rt} \mathrm{d}t}{\partial k(t)} = -\left(\frac{1}{r} + 1 - \delta\right) \int_0^T e^{rt} \mathrm{d}t$$

$$= \frac{1}{r}\left(\frac{1}{r} + 1 - \delta\right)(1 - e^{rT})$$

由第一章第一节中连续时间模型的第二个最优化问题的横截条件，

$$\lambda(T) = \frac{\partial R(T)}{\partial k}$$

从式（4.40）中可以看到，$R(T)$ 的表示式中只有含 $C(T)$ 的项中才含有与 k 相关的项。那么，

$$\frac{\partial R(T)}{\partial k} = \left(1 + \frac{1}{\rho + p}\right) e^{-(\rho + p)T} \frac{1}{C(T)} \frac{\partial C(T)}{\partial k}$$

由式（4.39）得到：

$$\frac{\partial C(T)}{\partial k} = (\rho + p) e^{(\rho + p)T} \frac{\partial \int_0^T s(t) e^{rt} \mathrm{d}t}{\partial k}$$

$$= (\rho + p) e^{(\rho + p)T} \frac{1}{r}\left(\frac{1}{r} + 1 - \delta\right)(1 - e^{rT})$$

综合这些结果，代入 $\frac{\partial R(T)}{\partial k}$ 的表示式，得到：

$$\frac{\partial R(T)}{\partial k}$$

$$= \left(1 + \frac{1}{\rho + p}\right) e^{-(\rho + p)T} \frac{1}{C(T)} \frac{\partial C(T)}{\partial k}$$

$$= \left(1 + \frac{1}{\rho + p} \right) e^{-(\rho+p)T} \frac{1}{C(T)} (\rho + p) e^{(\rho+p)T} \frac{1}{r} \left(\frac{1}{r} + 1 - \delta \right) (1 - e^{rT})$$

$$= (1 + \rho + p) \frac{1}{C(T)} \frac{1}{r} \left(\frac{1}{r} + 1 - \delta \right) (1 - e^{rT})$$

由横截条件 $\lambda(T) = \dfrac{\partial R(T)}{\partial k}$，得到：

$$\lambda(T) = (1 + \rho + p) \frac{1}{C(T)} \frac{1}{r} \left(\frac{1}{r} + 1 - \delta \right) (1 - e^{rT})$$

$$(4.45)$$

又由式（4.42），

$$\frac{\dot{\lambda}}{\lambda} = -(1 - \delta)$$

对 t 在 $[0, T]$ 上积分，得到：

$$\ln\lambda(T) - \ln\lambda(0) = -(1 - \delta)T$$

即

$$\lambda(T) = \lambda(0) e^{-(1-\delta)T}$$

代入式（4.45），

$$\lambda(0) e^{-(1-\delta)T} = (1 + \rho + p) \frac{1}{C(T)} \frac{1}{r} \left(\frac{1}{r} + 1 - \delta \right) (1 - e^{rT})$$

因而，得到：

$$\frac{1}{C(T)} = \frac{\lambda(0) r e^{-(1-\delta)T}}{\left(\dfrac{1}{r} + 1 - \delta \right) (1 + \rho + p)(1 - e^{rT})} \qquad (4.46)$$

即当 $C(T)$ 满足式（4.46）时，横截条件被满足。这时有：

$$C(T) = \frac{e^{(1-\delta)T}\left(\dfrac{1}{r} + 1 - \delta\right)(1 + \rho + p)(1 - e^{rT})}{\lambda(0)r} \quad (4.47)$$

代入式 (4.39),

$$\frac{e^{(1-\delta)T}\left(\dfrac{1}{r} + 1 - \delta\right)(1 + \rho + p)(1 - e^{rT})}{\lambda(0)r} = \frac{a(\rho + p)w(T)e^{(\rho+p-r)T}}{r}$$
$$+ (\rho + p)e^{(\rho+p)T}\int_0^T s(t)e^{rt}\mathrm{d}t$$

得到:

$$(\rho + p)e^{(\rho+p)T}\int_0^T s(t)e^{rt}\mathrm{d}t = \frac{e^{(1-\delta)T}\left(\dfrac{1}{r} + 1 - \delta\right)(1 + \rho + p)(1 - e^{rT})}{\lambda(0)r}$$
$$- \frac{a(\rho + p)w(T)e^{(\rho+p-r)T}}{r} \quad (4.48)$$

下面通过在式 (4.39) 两边对 T 求导而计算 $C'(T)$:

$$C'(T) = \frac{a(\rho + p)w'(T)e^{(\rho+p-r)T}}{r} + \frac{a(\rho + p)(\rho + p - r)w(T)e^{(\rho+p-r)T}}{r}$$
$$+ (\rho + p)^2 e^{(\rho+p)T}\int_0^T s(t)e^{rt}\mathrm{d}t + (\rho + p)e^{(\rho+p)T}s(T)e^{rT}$$

把式 (4.48) 代入上式, 得到:

$$C'(T) = \frac{a(\rho + p)w'(T)e^{(\rho+p-r)T}}{r} + \frac{a(\rho + p)(\rho + p - r)w(T)e^{(\rho+p-r)T}}{r}$$
$$+ \frac{e^{(1-\delta)T}\left(\dfrac{1}{r} + 1 - \delta\right)(1 + \rho + p)(\rho + p)(1 - e^{rT})}{\lambda(0)r}$$
$$- \frac{a(\rho + p)^2 w(T)e^{(\rho+p-r)T}}{r} + (\rho + p)e^{(\rho+p)T}s(T)e^{rT}$$

$$= \frac{a(\rho + p)w'(T)e^{(\rho+p-r)T}}{r} - a(\rho + p)w(T)e^{(\rho+p-r)T}$$

$$+ \frac{e^{(1-\delta)T}\left(\frac{1}{r} + 1 - \delta\right)(1 + \rho + p)(\rho + p)(1 - e^{rT})}{\lambda(0)r}$$

$$+ (\rho + p)e^{(\rho+p+r)T}s(T) \tag{4.49}$$

设工资增长率为 μ，即

$$\frac{w'(t)}{w(t)} = \mu$$

两边对 t 在 $[0,t]$ 上积分，得到：

$$\ln w(t) - \ln w(0) = \mu t$$

去掉对数，得到：

$$w(t) = w(0)e^{\mu t}$$

因而，

$$w(T) = w(0)e^{\mu T}$$

得到：

$$w'(T) = \mu w(0)e^{\mu T}$$

把它代入式（4.49），得到：

$$C'(T) = \frac{a(\rho + p)\mu w(T)e^{(\rho+p-r)T}}{r} - a(\rho + p)w(T)e^{(\rho+p-r)T}$$

$$+ \frac{e^{(1-\delta)T}\left(\frac{1}{r} + 1 - \delta\right)(1 + \rho + p)(\rho + p)(1 - e^{rT})}{\lambda(0)r}$$

$$+ (\rho + p)e^{(\rho+p+r)T}s(T)$$

$$= a(\rho + p)\left(\frac{\mu}{r} - 1\right)w(T)e^{(\rho+p-r)T}$$

$$+ \frac{e^{(1-\delta)T}\left(\frac{1}{r}+1-\delta\right)(1+\rho+p)(\rho+p)(1-e^{rT})}{\lambda(0)r}$$

$$+ (\rho+p)e^{(\rho+p+r)T}s(T) \tag{4.50}$$

当 $\frac{\mu}{r}>1$，即 $\mu>r$ 时，一定会有 $C'(T)>0$。

再对 $C'(T)$ 关于 T 求导，得到：

$$C''(T) = a(\rho+p)\left(\frac{\mu}{r}-1\right)w'(T)e^{(\rho+p-r)T}+(\rho+p-r)a(\rho+p)\left(\frac{\mu}{r}-1\right)$$

$$w(T)e^{(\rho+p-r)T} + \frac{(1-\delta)e^{(1-\delta)T}\left(\frac{1}{r}+1-\delta\right)(1+\rho+p)(\rho+p)(1-e^{rT})}{\lambda(0)r}$$

$$-\frac{e^{(1-\delta)T}\left(\frac{1}{r}+1-\delta\right)(1+\rho+p)(\rho+p)re^{rT}}{\lambda(0)r}+(\rho+p)(\rho+p+r)$$

$$e^{(\rho+p+r)T}s(T)+(\rho+p)e^{(\rho+p+r)T}s'(T)$$

$$= a(\rho+p)\left(\frac{\mu}{r}-1\right)(\mu+\rho+p-r)w(T)e^{(\rho+p-r)T}$$

$$+\frac{e^{(1-\delta)T}\left(\frac{1}{r}+1-\delta\right)(1+\rho+p)(\rho+p)[(1-\delta)(1-e^{rT})-re^{rT}]}{\lambda(0)r}$$

$$+(\rho+p)e^{(\rho+p+r)T}[(\rho+p+r)s(T)+s'(T)]$$

$$= a(\rho+p)\left(\frac{\mu}{r}-1\right)(\mu+\rho+p-r)w(T)e^{(\rho+p-r)T}$$

$$+\frac{e^{(1-\delta)T}\left(\frac{1}{r}+1-\delta\right)(1+\rho+p)(\rho+p)[(1-\delta)-(1-\delta+r)e^{rT}]}{\lambda(0)r}$$

$$+(\rho+p)e^{(\rho+p+r)T}[(\rho+p+r)s(T)+s'(T)] \tag{4.51}$$

注意，当 $\lambda(0)r$ 充分小时第二项的绝对值会很大，$C''(T)$ 在这时可能为负。

这样，把式（4.44）改写成：

$$\frac{C'(T)}{C(T)}\left(1+\frac{1}{\rho+p}\right)-(\rho+p)\ln[C(T)]=\frac{(r-\rho-p)}{\rho+p}+\gamma$$

$$(4.52)$$

看上式左侧的第一项，关于 T 的导数为：

$$\frac{C''(T)C(T)-C'^{2}(T)}{C^{2}(T)}\left(1+\frac{1}{\rho+p}\right)$$

注意，由式（4.47），可以把式（4.50）改写为：

$$C'(T)=a(\rho+p)\left(\frac{\mu}{r}-1\right)w(T)e^{(\rho+p-r)T}+(\rho+p)C(T)$$

$$+(\rho+p)e^{(\rho+p+r)T}s(T) \qquad (4.53)$$

而

$$C''(T)C(T)-C'^{2}(T)$$

$$=a(\rho+p)\left(\frac{\mu}{r}-1\right)(\mu+\rho+p-r)w(T)e^{(\rho+p-r)T}C(T)$$

$$+\frac{e^{(1-\delta)T}\left(\frac{1}{r}+1-\delta\right)(1+\rho+p)(\rho+p)[(1-\delta)-(1-\delta+r)e^{rT}]}{\lambda(0)r}C(T)$$

$$+(\rho+p)e^{(\rho+p+r)T}[(\rho+p+r)s(T)+s'(T)]C(T)$$

$$-\left[a(\rho+p)\left(\frac{\mu}{r}-1\right)w(T)e^{(\rho+p-r)T}+(\rho+p)C(T)+(\rho+p)e^{(\rho+p+r)T}s(T)\right]^{2}$$

$$=a(\rho+p)\left(\frac{\mu}{r}-1\right)(\mu+\rho+p-r)w(T)e^{(\rho+p-r)T}C(T)$$

$$+\frac{(\rho+p)[(1-\delta)-(1-\delta+r)e^{rT}]}{1-e^{rT}}C^{2}(T)$$

$$+(\rho+p)e^{(\rho+p+r)T}[(\rho+p+r)s(T)+s'(T)]C(T)$$

$$-a^{2}(\rho+p)^{2}\left(\frac{\mu}{r}-1\right)^{2}w^{2}(T)e^{2(\rho+p-r)T}-2a(\rho+p)^{2}\left(\frac{\mu}{r}-1\right)$$

$$w(T)e^{(\rho+p-r)T}C(T) - (\rho+p)^2C^2(T) - 2a(\rho+p)^2\left(\frac{\mu}{r}-1\right)$$

$$w(T)e^{2(\rho+p-r)T}s(T) - (\rho+p)^2e^{2(\rho+p+r)T}s^2(T) - 2(\rho+p)^2$$

$$c^{(\rho+p+r)T}s(T)C(T)$$

$$=a(\rho+p)\left(\frac{\mu}{r}-1\right)w(T)e^{(\rho+p-r)T}C(T)[\mu+\rho+p-r-2(\rho+p)]$$

$$+\left\{(\rho+p)\left[(1-\delta)-\frac{re^{rT}}{1-e^{rT}}-(\rho+p)\right]\right\}C^2(T)$$

$$+(\rho+p)e^{(\rho+p+r)T}\{[\rho+p+r-2(\rho+p)]s(T)+s'(T)\}C(T)$$

$$-a^2(\rho+p)^2\left(\frac{\mu}{r}-1\right)^2w^2(T)e^{2(\rho+p-r)T}$$

$$-2a(\rho+p)^2\left(\frac{\mu}{r}-1\right)w(T)e^{2(\rho+p-r)T}s(T) - (\rho+p)^2e^{2(\rho+p+r)T}s^2(T)$$

整理得到：

$$C''(T)C(T) - C'^2(T)$$

$$=a(\rho+p)\left(\frac{\mu}{r}-1\right)w(T)e^{(\rho+p-r)T}C(T)(\mu-\rho-p-r)$$

$$+(\rho+p)\left(1-\rho-p-\delta-\frac{re^{rT}}{1-e^{rT}}\right)C^2(T)$$

$$+(\rho+p)e^{(\rho+p+r)T}[(r-\rho-p)s(T)+s'(T)]C(T)$$

$$-a^2(\rho+p)^2\left(\frac{\mu}{r}-1\right)^2w^2(T)e^{2(\rho+p-r)T} - 2a(\rho+p)^2\left(\frac{\mu}{r}-1\right)w(T)$$

$$e^{2(\rho+p-r)T}s(T) - (\rho+p)^2e^{2(\rho+p+r)T}s^2(T) \tag{4.54}$$

由于

$$s(T) = (1-\tau)w(T) - C(T)$$

所以，

$$s'(T) = (1-\tau)w'(T) - C'(T)$$

把它们代入式（4.54），得到：

$$(\rho + p)e^{(\rho+p+r)T}[(r-\rho-p)s(T) + s'(T)]C(T)$$

$$= (\rho + p)e^{(\rho+p+r)T}[(r-\rho-p)s(T)C(T) + s'(T)C(T)]$$

$$= (\rho + p)e^{(\rho+p+r)T}\{(r-\rho-p)s(T)C(T) + (1-\tau)$$
$$[w'(T) - C'(T)]C(T)\}$$

$$= (\rho + p)e^{(\rho+p+r)T}[(r-\rho-p)s(T)C(T) + \mu(1-\tau)$$
$$w(T)C(T) - C'(T)C(T)]$$

把式（4.53）代入上式，得到：

$$(\rho + p)e^{(\rho+p+r)T}[(r-\rho-p)s(T)C(T) + \mu(1-\tau)w(T)C(T)$$

$$- a(\rho+p)\left(\frac{\mu}{r} - 1\right)w(T)C(T)e^{(\rho+p-r)T} - (\rho+p)C^2(T)$$

$$- (\rho+p)e^{(\rho+p+r)T}s(T)C(T)]$$

$$= (\rho + p)e^{(\rho+p+r)T}\left\{[r-\rho-p-(\rho+p)e^{(\rho+p+r)T}]s(T)C(T)\right.$$

$$+ w(T)C(T)\left[\mu(1-\tau) - a(\rho+p)\left(\frac{\mu}{r} - 1\right)e^{(\rho+p-r)T}\right]$$

$$\left. - (\rho+p)C^2(T)\right\}$$

现在，代入式（4.54）中，得到：

$$C''(T)C(T) - C'^2(T)$$

$$= a(\rho+p)\left(\frac{\mu}{r} - 1\right)w(T)e^{(\rho+p-r)T}C(T)(\mu-\rho-p-r)$$

$$+ (\rho+p)\left(1-\rho-p-\delta-\frac{re^{rT}}{1-e^{rT}}\right)C^2(T)$$

$$+ (\rho+p)e^{(\rho+p+r)T}\left\{[r-\rho-p-(\rho+p)e^{(\rho+p+r)T}]s(T)C(T)\right.$$

$$+ w(T)C(T)\left[\mu(1-\tau) - a(\rho+p)\left(\frac{\mu}{r} - 1\right)e^{(\rho+p-r)T}\right] - (\rho+p)C^2(T)\right\}$$

$$-a^2(\rho+p)^2\left(\frac{\mu}{r}-1\right)^2 w^2(T)e^{2(\rho+p-r)T}-2a(\rho+p)^2\left(\frac{\mu}{r}-1\right)$$

$$w(T)e^{2(\rho+p-r)T}s(T)-(\rho+p)^2 e^{2(\rho+p+r)T}s^2(T)$$

$$=a(\rho+p)\left(\frac{\mu}{r}-1\right)w(T)e^{(\rho+p-r)T}C(T)(\mu-\rho-p-r)$$

$$+(\rho+p)\left[1-\rho-p-\delta-\frac{re^{rT}}{1-e^{rT}}-(\rho+p)e^{(\rho+p+r)T}\right]C^2(T)$$

$$+(\rho+p)e^{(\rho+p+r)T}\left\{\left[r-\rho-p-(\rho+p)e^{(\rho+p+r)T}\right]s(T)C(T)\right.$$

$$\left.+w(T)C(T)\left[\mu(1-\tau)-a(\rho+p)\left(\frac{\mu}{r}-1\right)e^{(\rho+p-r)T}\right]\right\}$$

$$-a^2(\rho+p)^2\left(\frac{\mu}{r}-1\right)^2 w^2(T)e^{2(\rho+p-r)T}$$

$$-2a(\rho+p)^2\left(\frac{\mu}{r}-1\right)w(T)e^{2(\rho+p-r)T}s(T)-(\rho+p)^2 e^{2(\rho+p+r)T}s^2(T)$$

$$=a(\rho+p)\left(\frac{\mu}{r}-1\right)w(T)e^{(\rho+p-r)T}C(T)(\mu-\rho-p-r)$$

$$+(\rho+p)\left\{1-(\rho+p)\left[1+e^{(\rho+p+r)T}\right]-\delta-\frac{re^{rT}}{1-e^{rT}}e^{(\rho+p+r)T}\right\}C^2(T)$$

$$+(\rho+p)e^{(\rho+p+r)T}\left\{r-(\rho+p)\left[1+e^{(\rho+p+r)T}\right]\right\}s(T)C(T)$$

$$+w(T)C(T)\left[\mu(1-\tau)-a(\rho+p)\left(\frac{\mu}{r}-1\right)e^{(\rho+p-r)T}\right]$$

$$-a^2(\rho+p)^2\left(\frac{\mu}{r}-1\right)^2 w^2(T)e^{2(\rho+p-r)T}$$

$$-2a(\rho+p)^2\left(\frac{\mu}{r}-1\right)w(T)e^{2(\rho+p-r)T}s(T)-(\rho+p)^2 e^{2(\rho+p+r)T}s^2(T)$$

可以看到，在上式中，当 $\mu<\rho+p+r$ 时，会有第一项为负，当 $(\rho+p)\left[1+e^{(\rho+p+r)T}\right]+\delta\geqslant 1$ 时，会有第二项小于零，而当 r 很小时，也会有第三项小于零，当 μ 和 r 都很小时，会有第四项小于零，而后面的三项全部为负，因而可以得到：

$$C''(T)C(T) - C'^2(T) < 0$$

这样，式（4.52）的第一项关于 T 递减，而第二项也明显关于 T 递减，这样，式（4.52）的左侧关于 T 递减，而右侧关于 T 是常数，所以对合适的 γ，一定存在 T，使得式（4.52）成立。

现在，要分析各种参数对最优退休时间的影响。当利息率 r 增大时，可以看到式（4.52）的右侧增大，而左侧关于 T 是递减的，可知，T 要变小，那就是退休时间变早。而当 γ 变大时，即个人对闲暇更重视时，右侧会变大，由于左侧是 T 的递减函数，所以 T 变小，也就是退休时间变早。死亡率对 T 的影响取决于利息率与 γ 的大小。γ 相当于替代效应，而 r 相当于收入效应。当替代效应大于收入效应时，个人选择早退休。当收入效应大于替代效应时，p 的上升使右侧变小，由于左侧是 T 的递减函数，所以 T 增加，即退休时间变晚。

关于替代率对退休时间的影响，可以看到在消费是连续的情况下，替代率会影响 $C(T)$ 的值。当 a 变大时，$C(T)$ 变大，由于 $C(T)$ 关于 T 是递增的，所以，T 就变小。也就是说，当替代率变高时，退休时间变早。

第三节　适合我国实际情况的最优退休时间研究（离散时间模型）

在使用离散时间动态模型研究退休时间问题时，可考虑世代交叠模型，在该模型中有三个期间，第一期间工作，第二期间可选择退休或工作，第三个期间退休或死亡。生存到第三个期间的概率为 α。工作期间的收入要以比例 τ 缴纳养老保障金。设效用函数为 $\ln c_t$，贴现率为 β。

个人的效用为：

$$E_t(\ln c_t + \beta \ln c_{t+1} + \beta^2 \ln c_{t+2})$$

而

$$k_{t+1}^y = (1 - \tau) w_t - c_t$$

这里把个人在年轻时期投资的资本记为 k_{t+1}^y，下标表示使用的时期，上标表示投资是在年轻时。

如果第二期间选择退休，则第二期间就依靠养老金生活，把养老金的一半用于第二期间的消费，m_{t+1} 是养老保障在 $t+1$ 期的记账收益，而储蓄收益则按比例 θ 用于第二期间的消费。退休时，就结束养老保障金的记账，把养老保障金平分，一半用于 $t+1$ 期的消费，另一半存入银行。这适合我国的情况。我们国家是把养老保障金的记账额除以一定的月数，然后按月发放。

$$c_{t+1} = \frac{1}{2} m_{t+1} \tau w_t + r_{t+1} \theta k_{t+1}^y$$

如果不退休，仍进行储蓄和缴纳养老保障金，设资本在用过之后就损耗掉：

$$k_{t+2}^o = (1 - \tau) w_{t+1} - c_{t+1}$$

第三期间如果存活，则消费所有储蓄及养老保障金。在第二期间就退休的人，要消费掉其养老保障金的剩余部分和储蓄及用于投资的剩余部分：

$$c_{t+2} = \frac{1}{2} r_{t+2} m_{t+1} \tau w_t + r_{t+2} r_{t+1} (1 - \theta) k_{t+1}^y$$

　　而在第三期间才退休的人，其在第二期间仍然缴纳养老保障金，也仍然储蓄，那么，第三期间他会消费掉其所有的养老保障金和储蓄：

$$c_{t+2} = \tau m_{t+2}(w_t + w_{t+1}) + r_{t+2} r_{t+1} k_{t+1}^y + r_{t+2} k_{t+2}^o$$

对于第二期退休的人来说，他的生涯效用为：

$$E_t(\ln c_t + \beta \ln c_{t+1} + \beta^2 \ln c_{t+2})$$

$$= \ln\left[(1-\tau)w_t - k_{t+1}^y\right] + \beta \ln\left(\frac{1}{2} m_{t+1}\tau w_t + r_{t+1}\theta k_{t+1}^y\right)$$

$$+ \alpha\beta^2 \ln\left[\frac{1}{2} r_{t+2} m_{t+1}\tau w_t + r_{t+2}(1-\theta) k_{t+1}^y\right] + \beta m(L)$$

其中 $M(L)$ 为在第二期退休以后获得的闲暇时间的效用。

如要使他的生涯效用最大，得到关于 k_t 的一阶条件：

$$-\frac{1}{(1-\tau)w_t - k_{t+1}^y} + \beta \frac{\theta r_{t+1}}{\frac{1}{2} m_{t+1}\tau w_t + r_{t+1}\theta k_{t+1}^y} +$$

$$\alpha\beta^2 \frac{r_{t+1} r_{t+2}(1-\theta)}{\frac{1}{2} r_{t+2} m_{t+1}\tau w_t + r_{t+1} r_{t+2}(1-\theta) k_{t+1}^y} = 0$$

关于 θ 的导数：

$$\beta \frac{r_{t+1} k_{t+1}^y}{\frac{1}{2} m_{t+1}\tau w_t + r_{t+1}\theta k_{t+1}^y} - \alpha\beta^2 \frac{r_{t+1} r_{t+2} k_{t+1}^y}{\frac{1}{2} r_{t+2} m_{t+1}\tau w_t + r_{t+1} r_{t+2}(1-\theta) k_{t+1}^y} = 0$$

　　即

$$\alpha\beta \frac{r_{t+1} r_{t+2}}{\frac{1}{2} r_{t+2} m_{t+1}\tau w_t + r_{t+1} r_{t+2}(1-\theta) k_{t+1}^y} = \frac{r_{t+1}}{\frac{1}{2} m_{t+1}\tau w_t + r_{t+1}\theta k_{t+1}^y}$$

代入上式，得到：

$$-\frac{1}{(1-\tau)w_t - k^y_{t+1}} + \beta\frac{\theta r_{t+1}}{\frac{1}{2}m_{t+1}\tau w_t + r_{t+1}\theta k^y_t} + \beta\frac{r_{t+1}(1-\theta)}{\frac{1}{2}m_{t+1}\tau w_t + r_{t+1}\theta k^y_t} = 0$$

即

$$-\frac{1}{(1-\tau)w_t - k^y_{t+1}} + \beta\frac{r_{t+1}}{\frac{1}{2}m_{t+1}\tau w_t + r_{t+1}\theta k^y_t} = 0$$

即

$$-\frac{1}{2}m_{t+1}\tau w_t - r_{t+1}\theta k^y_{t+1} + \beta r_{t+1}\left[(1-\tau)w_t - k^y_{t+1}\right] = 0$$

也就是:

$$\frac{1}{2}m_{t+1}\tau w_t + r_{t+1}\theta k^y_{t+1} = \beta r_{t+1}\left[(1-\tau)w_t - k^y_{t+1}\right] \quad (4.55)$$

再进行整理, 得到:

$$(\beta + \theta)r_{t+1}k^y_{t+1} = \beta r_{t+1}(1-\tau)w_t - \frac{1}{2}m_{t+1}\tau w_t$$

即

$$k^y_{t+1} = \frac{\beta r_{t+1}(1-\tau) - \frac{1}{2}m_{t+1}\tau}{(\beta + \theta)r_{t+1}}w_t \quad (4.56)$$

可以看到:

$$k^y_{t+1} = \left[\frac{\beta(1-\tau)}{(\beta+\theta)} - \frac{\frac{1}{2}m_{t+1}\tau}{(\beta+\theta)r_{t+1}}\right]w_t$$

所以 k^y_{t+1} 关于 r_{t+1} 是递增的。由于消费者在决定储蓄时并不知道下一期的利率, 只能参考本期的利率, 所以, 如果 t

期的利率高，消费者会增加储蓄。因为储蓄与养老金都是为退休后养老而用的，是替代关系，所以养老金的收益越高，储蓄就越少。而 k_{t+1}^y 关于养老保障的供款率 τ 是递减的，来源于收入效应，因为供款减少了可支配收入。另外还有替代效应，因为养老金的增多替代了储蓄。两个效用的和是负的。

第三期退休的人的生涯效用为：

$$E_t(\ln c_t + \beta \ln c_{t+1} + \beta^2 \ln c_{t+2})$$
$$= \ln[(1-\tau)w_t - k_{t+1}^y] + \beta \ln[(1-\tau)w_{t+1} - k_{t+2}^o]$$
$$+ \alpha\beta^2 \ln[\tau(m_{t+1}m_{t+2}w_t + m_{t+2}w_{t+1}) + r_{t+2}r_{t+1}k_{t+1}^y + r_{t+2}k_{t+2}^o]$$

关于 k_{t+1}^y 的一阶条件为：

$$\frac{-1}{(1-\tau)w_t - k_{t+1}^y} + \frac{\alpha\beta^2 r_{t+1}r_{t+2}}{\tau(m_{t+1}m_{t+2}w_t + m_{t+2}w_{t+1}) + r_{t+2}r_{t+1}k_{t+1}^y + r_{t+2}k_{t+2}^o} = 0$$

$$(4.57)$$

关于 k_{t+2}^o 的一阶条件为：

$$\frac{-1}{(1-\tau)w_{t+1} - k_{t+2}^o} + \alpha\beta \frac{r_{t+2}}{\tau(m_{t+1}m_{t+2}w_t + m_{t+2}w_{t+1}) + r_{t+2}r_{t+1}k_{t+1}^y + r_{t+2}k_{t+2}^o} = 0$$

$$(4.58)$$

由式（4.58）得到：

$$\alpha\beta \frac{r_{t+2}}{\tau(m_{t+1}m_{t+2}w_t + m_{t+2}w_{t+1}) + r_{t+2}r_{t+1}k_{t+1}^y + r_{t+2}k_{t+2}^o} = \frac{1}{(1-\tau)w_{t+1} - k_{t+2}^o}$$

代入式（4.57），得到：

$$\frac{-1}{(1-\tau)w_t - k_{t+1}^y} + \frac{\beta r_{t+1}}{(1-\tau)w_{t+1} - k_{t+2}^o} = 0 \qquad (4.59)$$

得到：

$$(1 - \tau) w_{t+1} - k_{t+2}^o = \beta r_{t+1} [(1 - \tau) w_t - k_{t+1}^y] \qquad (4.60)$$

即

$$k_{t+2}^o = (1 - \tau) w_{t+1} - \beta r_{t+1} [(1 - \tau) w_t - k_{t+1}^y]$$
$$= (1 - \tau)(w_{t+1} - \beta r_{t+1} w_t) + k_{t+1}^y \qquad (4.61)$$

当 $w_{t+1} > \beta r_{t+1} w_t$ 时，有 $k_{t+2}^o > k_{t+1}^y$。

两种人的最大效用的差为：

$$\delta = \ln[(1 - \tau) w_t - k_{t+1}^y] + \beta \ln\left(\frac{1}{2} m_{t+1} \tau w_t + r_{t+1} \theta k_{t+1}^y\right)$$
$$+ \alpha \beta^2 \ln\left[\frac{1}{2} r_{t+2} m_{t+1} \tau w_t + r_{t+2}(1 - \theta) k_{t+1}^y\right] + \beta m(L) -$$
$$\ln[(1 - \tau) w_t - k_{t+1}^y]$$
$$+ \beta \ln[(1 - \tau) w_{t+1} - k_{t+2}^o] + \alpha \beta^2 \ln[\tau(m_{t+1} m_{t+2} w_t + m_{t+2} w_{t+1})$$
$$+ r_{t+2} r_{t+1} k_{t+1}^y + r_{t+2} k_{t+2}^o]$$
$$= \beta \ln \frac{\frac{1}{2} m_{t+1} \tau w_t + r_{t+1} \theta k_t}{(1 - \tau) w_{t+1} - k_{t+2}^o} + \alpha \beta^2 \ln$$

$$\frac{\frac{1}{2} m_{t+2} \tau w_t + r_{t+2}(1 - \theta) k_{t+1}^y}{\tau(m_{t+1} m_{t+2} w_t + m_{t+2} w_{t+1}) + r_{t+2} r_{t+1} k_{t+1}^y + r_{t+2} k_{t+2}^o} + \beta m(L)$$

代入式 (4.55) 和式 (4.60)，得到：

$$\delta = \beta \ln \frac{\beta r_{t+1} [(1 - \tau) w_t - k_{t+1}^y]}{\beta r_{t+1} [(1 - \tau) w_t - k_{t+1}^y]}$$

$$+ \alpha \beta^2 \ln \frac{\frac{1}{2} m_{t+2} \tau w_t + r_{t+2}(1 - \theta) k_{t+1}^y}{\tau(m_{t+1} m_{t+2} w_t + m_{t+2} w_{t+1}) + r_{t+2} r_{t+1} k_{t+1}^y + r_{t+2} k_{t+2}^o} + \beta m(L)$$

$$= \alpha \beta^2 \ln \frac{\frac{1}{2} m_{t+2} \tau w_t + r_{t+2}(1 - \theta) k_{t+1}^y}{\tau(m_{t+1} m_{t+2} w_t + m_{t+2} w_{t+1}) + r_{t+2} r_{t+1} k_{t+1}^y + r_{t+2} k_{t+2}^o} + \beta m(L)$$

$\delta>0$ 或 $\delta<0$ 取决于 α 与 $m(L)$ 的大小。

由第一项可以看到，ln 里面分子的各项都要比分母的各项小，因为分数肯定要小于 1，所以第一项为负，δ 的符号取决于 α 的大小。在生存期望比较小的时期，第一项虽是负的，但因为 α 很小，所以第一项的绝对值不大，第二项有可能大于第一项。这时，人们会选择早退休。因为活到第三期领取养老金的概率很小，所以选择早退休，在第二期就能领取养老金并享受闲暇。在这一表示式里，第一项是收入效应，而第二项是替代效应。当活到第三期的生存期望 α 很小时，替代效应大于收入效应。人们选择在第二期退休，即早退休。当 α 较大时，第一项的绝对值会大于第二项，这时收入效应大于替代效应，因为活到第三期的可能性变大了，就要具体考虑第三期的生活了。因而，人们选择晚退休。

我们这里省略了第三期的闲暇。实际上，在第三期人们也会享受闲暇，但因为在第二期退休和第三期退休的人同样都能享受闲暇，为了模型简单，省略掉第三期闲暇的效用。

下面考虑早退休与推迟退休对经济的影响。如果所有人都选择早退休，即在第二期退休，那么在经济中，三期的总资本为：

$$K_t = k_t^y L_{t-1}$$

$$K_{t+1} = k_{t+1}^y L_t$$

$$K_{t+2} = k_{t+2}^y L_{t+1}$$

如果都选择晚退休的话，则经济中各期的资本为：

$$K_t = k_t^y L_{t-1} + k_t^o L_{t-2}$$

$$K_{t+1} = k_{t+1}^y L_t + k_{t+1}^o L_{t-1}$$

$$K_{t+2} = k^y_{t+2} L_{t+1} + k^o_{t+2} L_{t+1}$$

这里明显可以看到经济中的总资本在推迟退休时要比选择早退休时大。

下面再比较两种情况下经济中的资本－劳动比。

首先，看资本租借利率 r 与工资率 w 是如何得到的。

先设经济中的生产函数为柯布－道格拉斯函数：

$$F(K,L) = K^\alpha L^{1-\alpha}, 0 < \alpha < 1$$

由一次齐次函数，得到：

$$F(K,L) = L\left(\frac{K}{L}\right)^\alpha$$

设

$$f(k) = k^\alpha$$

其中，$k = \dfrac{K}{L}$

则有：

$$F(K,L) = Lf(k)$$

现在，计算资本租借利息率 r 和工资率 w。

对于企业的利润：

$$F(K,L) - rK - wL$$

有利润最大化一阶条件：

$$r = \frac{\partial F}{\partial K} = \alpha K^{\alpha-1} L^{1-\alpha} = \alpha\left(\frac{K}{L}\right)^{\alpha-1} = \alpha k^{\alpha-1} = f'(k) \quad (4.62)$$

和

$$w = \frac{\partial F}{\partial L} = f(k) + Lf'(k)\left(\frac{-K}{L^2}\right) = f(k) - kf'(k) = k^\alpha - \alpha k^\alpha = (1 - \alpha)k^\alpha$$

$$(4.63)$$

现在来比较早退休与晚退休的情况。

由于经济都从 k_0 出发，所以 w_0 都相同，那么第一期的资本－劳动比 k_1^y 都相同，第一期的 w_1 也相同。对第二期的投资则有两种情况：早退休和晚退休。对于前者，0 世代在第一期开始就退休了，不再对第二期投资，而对于后者，投资于第二期的既有 1 世代，也有 0 世代。第二期的资本－劳动比各为：

$$k_2^1 = k_2^{y1}\frac{L_1}{L_2} = k_2^{y1}$$

$$k_2^2 = \frac{k_2^{y2}L_1}{L_2 + L_1} + \frac{k_2^{o2}L_0}{L_2 + L_1} = \frac{1}{2}k_2^{y2} + \frac{1}{2}k_2^{o2}$$

上标的 1 表示早退休的情况，2 表示晚退休的情况。由于 w_1 在两种情况下是相同的，所以，

$$k_2^{y1} = k_2^{y2}$$

如果

$$k_2^{o2} > k_2^{y1}$$

可以得到：

$$k_2^2 > k_2^1$$

由式（4.63）得到：

$$\frac{\mathrm{d}w}{\mathrm{d}k} = f'(k) - f'(k) - kf''(k) = -kf''(k) > 0$$

所以，

$$w_2^2 > w_2^1$$

假设影响投资的主要因素是收入（这里假设为了养老，一定要储蓄，所以利息率并不是影响储蓄决定的主要因素），会有：

$$k_3^2 > k_3^1$$

即

$$k_t^2 > k_t^1$$

因而，

$$w_t^2 > w_t^1$$

但

$$r_t^2 < r_t^1$$

如果 $k_2^{o2} \leqslant k_2^{y1}$，则有：

$$k_2^2 \leqslant k_2^1$$

这种情况在年轻时积累的养老金和储蓄已经基本充足，第二期的工作收入主要用于消费的情况下会出现。但按一般的心理，接近退休时对未来越充满不确定性，越会加大储蓄。

在这种情况下，

$$k_t^2 \leqslant k_t^1$$

因而，

$$w_t^2 \leqslant w_t^1$$

却有：

$$r_t^2 \geqslant r_t^1$$

在人口是递减的情况下，设

$$L_t = \frac{L_{t-1}}{1+n}$$

即

$$\frac{L_t}{L_{t-1}} = \frac{1}{1+n}$$

这时，在早退休的情况下，经济中的资本 – 劳动比为：

$$k_t^1 = k_t^{y1} \frac{L_{t-1}}{L_t} = k^{y1}(1+n) > k_t^{y1}$$

而在晚退休的情况下，经济中的资本 – 劳动比为：

$$
\begin{aligned}
k_t^2 &= \frac{k_t^{y2} L_{t-1}}{L_t + L_{t-1}} + \frac{k_t^{o2} L_{t-2}}{L_t + L_{t-1}} \\
&= \frac{k_t^{y2} L_{t-1}}{L_{t-1}\dfrac{1}{1+n} + L_{t-1}} + \frac{k_t^{o2} L_{t-1}(1+n)}{L_{t-1}\dfrac{1}{1+n} + L_{t-1}} \\
&= \frac{k_t^{y2}}{\dfrac{1}{1+n} + 1} + \frac{k_t^{o2}(1+n)}{\dfrac{1}{1+n} + 1} \\
&= \frac{1+n}{2+n}\left[k_t^{y2} + k_t^{o2}(1+n) \right]
\end{aligned}
$$

还是从 0 期的人均资本 k_0 出发，第二期的资本 – 劳动比各为：

$$k_2^1 = k_2^{y1} \frac{L_1}{L_2} = (1+n)k_2^{y1}$$

$$k_2^2 = \frac{k_2^{y2} L_1}{L_2 + L_1} + \frac{k_2^{o2} L_0}{L_2 + L_1} = \frac{1+n}{2+n}\left[k_2^{y2} + (1+n)k_2^{o2} \right]$$

只有当 $k_2^{o2} > k_2^{y2}$，也就是老年劳动者（在这里指退休的老年人）的投资高于年轻劳动者时，才有：

$$k_2^2 = \frac{1+n}{2+n} \left[k_2^{y2} + (1+n) k_2^{o2} \right]$$

$$> \frac{1+n}{2+n} \left[k_2^{y2} + (1+n) k_2^{y2} \right]$$

$$= \frac{1+n}{2+n} (2+n) k_2^{y2}$$

$$= (1+n) k_2^{y2}$$

$$= (1+n) k_2^{y1}$$

$$= k_2^1$$

当 $k_2^{o2} \leqslant k_2^{y2}$ 时，有：

$$k_2^2 \leqslant k_2^1$$

同样，在老年人的投资大于年轻人的情况下，才有：

$$k_t^2 > k_t^1$$

否则，会有：

$$k_t^2 \leqslant k_t^1$$

在早退休的情况下，

$$k^{1*} = (1+n) k^{y1*} \tag{4.64}$$

而在晚退休的情况下，

$$k^{*2} = \frac{1+n}{2+n} \left[k_t^{y2*} + k_t^{o2*} (1+n) \right] \tag{4.65}$$

由式（4.56）得到：

$$k^{y*} = \left[\frac{\beta r^* (1 - \tau) - \frac{1}{2} m_{t+1} \tau}{(\beta + \theta) r^*} \right] w^* \qquad (4.66)$$

其中，r^*, w^* 分别表示稳态时的利息率和工资率。在早退休的情况下，

$$r^{*1} = f'(k^{*1}) = \alpha k^{*1(\alpha - 1)}$$

$$w^{*1} = f(k^{*1}) - k^{*1} f'(k^{*1}) = (1 - \alpha) k^{*1\alpha}$$

把式（4.66）代入式（4.64），得到：

$$k^{*1} = (1 + n) \left[\frac{\beta(1 - \tau)}{\beta + \theta} - \frac{\frac{1}{2} m_{t+1} \tau}{(\beta + \theta) r^{1*}} \right] w^{1*}$$

$$= (1 + n) \left[\frac{\beta(1 - \tau)}{\beta + \theta} - \frac{\frac{1}{2} m_{t+1} \tau}{(\beta + \theta) \alpha (k^{1*})^{1 - \alpha}} \right] (1 - \alpha)(k^{1*})^{\alpha}$$

得到：

$$(k^{1*})^{1 - \alpha} = (1 + n)(1 - \alpha) \left[\frac{\beta(1 - \tau)}{\beta + \theta} - \frac{\frac{1}{2} m_{t+1} \tau}{(\beta + \theta) \alpha (k^{1*})^{1 - \alpha}} \right]$$

而在晚退休的情况下，当老年人的投资大于年轻人时，

$$(k^{2*})^{1 - \alpha} > (1 + n)(1 - \alpha) \left[\frac{\beta(1 - \tau)}{\beta + \theta} - \frac{\frac{1}{2} m_{t+1} \tau}{(\beta + \theta) \alpha (k^{2*})^{1 - \alpha}} \right]$$

这是因为，

$$k_t^2 > (1 + n) k_t^{y2}$$

当 m 和 τ 都很小时，会有：

$$k^{*2} > k^{*1}$$

现在，考虑自由选择早退休和晚退休的情况。只有在

$$\delta = \alpha\beta^2 \ln \frac{\frac{1}{2}m_{t+2}\tau w_t + r_{t+2}(1-\theta)k_{t+1}^y}{\tau(m_{t+1}m_{t+2}w_t + m_{t+2}w_{t+1}) + r_{t+2}r_{t+1}k_{t+1}^y + r_{t+2}k_{t+2}^o} + \beta m(L) = 0$$

时，人们才可能自由选择。否则，所有人都会选择第二期或第三期退休。要达到 $\delta = 0$，就要求闲暇的效用充分大。

设在第二期退休的概率为 γ，当人口减少时，第 t 期的总资本为：

$$\begin{aligned}
E_tK_t &= (1-\gamma)(k_t^o L_{t-2} + k_t^y L_{t-1}) + \gamma k_t^y L_{t-1} \\
&= (1-\gamma)k_t^o L_{t-2} + k_t^y L_{t-1}
\end{aligned}$$

劳动为：

$$\begin{aligned}
L_t^e &= \gamma L_t + (1-\gamma)(L_t + L_{t-1}) \\
&= L_t + (1-\gamma)L_{t-1}
\end{aligned}$$

当人口不变时，资本 – 劳动比为：

$$\begin{aligned}
\frac{EK_t}{L_t^e} &= \frac{(1-\gamma)k_t^o L_{t-2} + k_t^y L_{t-1}}{L_t + (1-\gamma)L_{t-1}} \\
&= \frac{[(1-\gamma)k_t^o + k_t^y]L_{t-1}}{L_t[1 + (1-\gamma)]} \\
&= \frac{(1-\gamma)k_t^o + k_t^y}{2-\gamma}
\end{aligned} \qquad (4.67)$$

当人口减少时，即 $L_{t-1} = (1+n)L_t$ 时，

$$\begin{aligned}
\frac{EK_t}{L_t^e} &= \frac{(1-\gamma)k_t^o L_{t-2} + k_t^y L_{t-1}}{L_t + (1-\gamma)L_{t-1}} \\
&= \frac{[(1-\gamma)k_t^o(1+n) + k_t^y]L_{t-1}}{[1 + (1-\gamma)(1+n)]L_t}
\end{aligned}$$

$$= \frac{\left[(1-\gamma)k_t^o(1+n)+k_t^y\right](1+n)}{\left[1+(1-\gamma)(1+n)\right]} \quad (4.68)$$

而当人口增多，即 $L_t = (1+n)L_{t-1}$ 时，设在第二期退休的概率为 γ，在人口增多的情况下，第 t 期的总资本为：

$$
\begin{aligned}
E_t K_t &= (1-\gamma)(k_t^o L_{t-2} + k_t^y L_{t-1}) + \gamma k_t^y L_{t-1} \\
&= (1-\gamma)k_t^o L_{t-2} + k_t^y L_{t-1} \\
&= L_{t-2}\left[(1-\gamma)k_t^o + (1+n)k_t^y\right]
\end{aligned}
$$

劳动为：

$$
\begin{aligned}
L_t^e &= \gamma L_t + (1-\gamma)(L_t + L_{t-1}) \\
&= L_t + (1-\gamma)L_{t-1} \\
&= \left[(1+n)+(1-\gamma)\right]L_{t-1}
\end{aligned}
$$

资本 – 劳动比为：

$$
\begin{aligned}
\frac{EK_t}{L_t^e} &= \frac{L_{t-2}\left[(1-\gamma)k_t^o + k_t^y(1+n)\right]}{L_{t-1}\left[1+n+(1-\gamma)\right]} \\
&= \frac{\left[(1-\gamma)k_t^o + k_t^y(1+n)\right]}{(1+n)(2+n-\gamma)} \quad (4.69)
\end{aligned}
$$

在人口增加的情况下，$\dfrac{EK_t}{L_t^e}$ 的分母大于人口减少情况下 $\dfrac{EK_t}{L_t^e}$ 的分母，而分子小于人口减少情况下的分子。

因此，人口减少情况下经济中的资本 – 劳动比 $\dfrac{EK_t}{L_t^e}$ 比人口增多时要大。

在人口不变的情况下，如果都选择早退休，也就是在式（4.67）中令 $\gamma = 1$，则资本 – 劳动比为：

$$k = k_t^y$$

现在计算 $\dfrac{(1 - \gamma) k_t^o + k_t^y}{2 - \gamma}$ 关于 γ 的导数：

$$\frac{- k_t^o (2 - \gamma) + (1 - \gamma) k_t^o + k_t^y}{(2 - \gamma)^2}$$

$$= \frac{- k_t^o + k_t^y}{(2 - \gamma)^2}$$

$$= \frac{k_t^y - k_t^o}{(2 - \gamma)^2}$$

当老年人比年轻人投资高时，资本 - 劳动比是随 γ 递减的。也就是说，早退休的概率越大（早退休的人越多），资本 - 劳动比就越小，而晚退休的概率越大（晚退休的人越多），则资本 - 劳动比就越大。如果年轻人的平均投资比老年人多的话，则晚退休的概率越大，资本 - 劳动比越小。

在人口减少的情况下，如果都选择早退休，也就是在式（4.68）中令 $\gamma = 1$ 时，则资本 - 劳动比为：

$$k = k_t^y (1 + n)$$

资本 - 劳动比要大于人口不变时的资本 - 劳动比。

现在计算 $\dfrac{\left[(1 - \gamma) k_t^o (1 + n) + k_t^y \right]}{\left[1 + (1 - \gamma)(1 + n) \right]}$ 关于 γ 的导数：

$$\frac{- k_t^o (1 + n) \left[1 + (1 - \gamma)(1 + n) \right] + (1 + n) \left[(1 - \gamma)(1 + n) k_t^o + k_t^y \right]}{\left[1 + (1 - \gamma)(1 + n) \right]^2}$$

$$= \frac{- k_t^o (1 + n) \left[1 + (1 - \gamma)(1 + n) \right] + (1 + n) \left[(1 - \gamma)(1 + n) k_t^o + k_t^y \right]}{\left[1 + (1 - \gamma)(1 + n) \right]^2}$$

$$= \frac{- k_t^o (1 + n) + (1 + n) k_t^y}{\left[1 + (1 - \gamma)(1 + n) \right]^2}$$

$$= \frac{(1+n)(k_t^y - k_t^0)}{[1+(1-\gamma)(1+n)]^2}$$

现在，再来看人口增加的情况。如果都选择早退休，也就是在式（4.69）中令 $\gamma = 1$ 时，则资本－劳动比为：

$$k = \frac{k_t^y}{1+n}$$

比人口不变和人口减少情况下的资本－劳动比都要小。再对 $\dfrac{[(1-\gamma)k_t^o + k_t^y(1+n)]}{(2+n-\gamma)}$ 关于 γ 求导：

$$\frac{-k_t^o(2+n-\gamma) + [(1-\gamma)k_t^o + k_t^y(1+n)]}{(2+n-\gamma)^2}$$

$$= \frac{-k_t^o(2+n-\gamma) + [(1-\gamma)k_t^o + k_t^y(1+n)]}{(2+n-\gamma)^2}$$

$$= \frac{(k_t^y - k_t^o)(1+n)}{(2+n-\gamma)^2}$$

当老年人比年轻人投资高时，资本－劳动比是随 γ 递减的。也就是说，早退休的概率越大（早退休的人越多），资本－劳动比越小，而晚退休的概率越大（晚退休的人越多），则资本－劳动比越大。如果年轻人的平均投资比老年人多的话，则晚退休的概率越大，资本－劳动比就越小。

我们可以假设老年人在退休时的投资高于年轻人，这是因为他们的工资较高，而且没有抚养孩子的负担。那么，无论是在人口不变、人口增加还是人口减少的情况下，都是晚退休的概率越大，资本－劳动比越大。这是晚退休对经济最重要的影响。

第五章 寿险需求研究

第四章讨论了最优退休时间的问题。在人口老龄化背景下，对于政府来说，考虑推迟退休的方案是保证社会养老保障基金持续运营，减少财政在养老基金上支出的必然选择。如果个人的选择与政府的政策一致，则可以减少道德风险。

本章考虑人口老龄化的另一对策问题：养老的第三支柱即商业养老保险的问题。因为在我国商业养老保险并未与寿险分离，所以，本章研究寿险的需求问题。

本章对解决人口老龄化问题的现时对策进行研究，研究个人的最优保险购买行为，既对个人退休后的生活做出规划，也为国家解决养老保障金不足的问题，同时为保险业的发展提供理论依据。

本章为寿险中的两个代表险种生存险与死亡险的需求建立模型，基于家庭效用最大化分别得到两者的需求函数，然后分别对这两种险的需求函数进行分析，从理论上分析了人口老龄化的因素、利息、寿险给付、生存概率，以及养老保障的供款与给付对两种寿险的需求的影响。因为我国的寿险险种与国外并不相同，所以，本章的理论模型不同于国外文献中有关寿险需求的理论模型。对个人商业养老保险购买行为的分析可合并于对两个险种的分析之中。

第一节 死亡险需求理论分析

Yaari（1965）给出了一个连续时间的动态模型，分别分析了没有保险和有保险的情况下，消费的动态变化。作者认为：在没有保险的情况下，消费会随时间而减少；而在有保险的情况下，保险会使消费路径变得光滑，虽然存在死亡风险，但消费路径与确定性与无风险的情况相同。也就是说，人寿保险起到了消除死亡风险的作用。在该模型中，被保险人的遗产归保险公司所有，这样，被保险人可以借贷，但在其生命的最后阶段不能有负资产。在这一限制下，求出寿命不确定情况下的最优消费路径，分析了在有保险存在和没有保险存在的情况下的消费路径变化，以此来分析保险的作用。

而 Fischer（1973）通过离散时间的有限阶段模型研究了人寿保险的需求。作者利用世代交叠的方法，得到了各阶段的最大效用和人寿保险的需求函数，并分析了各种参数对寿险需求的影响。他分析了无风险资产投资而有人寿保险情况下的寿险需求，也分析了风险资产与寿险共存情况下的寿险需求。

上述分析是在美国发行的寿险的基础上进行的，所以模型并不适用于我国的情况。本章建立了适合我国发行的寿险的理论模型。由于在我国一般不可能为了消费而借贷，所以不分析借贷的情况。同时因为我们是要分析在现在的人口老龄化基础上对寿险的需求问题，所以在模型中加入了寿命的不确定性和养老金的问题。而上述国外的文章并没有涉及人口老龄化问题。

本节考虑世代交叠模型。设 t 期出生的是夫妇，后代也都以夫妇为单位。这样的假设在文献中是被允许的（Galor

and Weil, 1996)。每个世代最多可以存活两个期间，在出生后的第一期，家庭中的男性工作，工资收入用于本期的消费和社会养老保障供款、储蓄及寿险购买。在第二期退休，也可能死亡。生存概率为 π^a，如果男性在第二期生存，则他会领取社会养老保障金，并把储蓄的本利都用于第二期的消费。如果男性死亡，则配偶不能领取社会养老保障金，只能靠储蓄的本金生活。如果买了死亡险，则男性死亡后会有死亡给付金作为遗产遗留，供配偶在下一期消费。在我国，很多女性为教育孩子而选择不出去工作，而且我国也没有在丈夫死亡后，配偶可以领取其养老金的制度。所以，这一模型的构建适合我国的实际情况。

我们构造这一模型以研究死亡险在人口老龄化背景下的需求。在这里也需要说明我们在构建模型时，把人口老龄化的哪些因素放入模型。人口老龄化是人的预期寿命的延长和出生率的下降所造成的人口构成上的变化，它会给经济发展带来很多影响。在众多的影响中，我们在理论模型中只重点考虑其给社会养老保障带来的影响，那就是养老保障供款的上升和退休后所得到的养老保障金额的下降，再加上寿命的延长对死亡险购买行为的影响。

一　死亡险的需求函数

前面大致叙述了模型构建的思路，下面考虑具体的构造和需求函数。设 t 期出生的世代的家庭收入为工资收入 w_t，在缴纳社会养老保险 τ 之后，一部分用于储蓄和购买死亡险，剩余部分用于 t 期的消费。在 $t+1$ 期家庭的劳动力退休或死亡。模型这样建立适合一些国家的情况，而若劳动力活着，则会退休，领到社会养老保障金和上一期的储蓄本利，全部

用于 $t+1$ 期的消费，然后在 $t+1$ 期末，家庭死亡。若家庭的劳动力在 t 期末死亡，则会得到一笔死亡给付金，加上上一期的储蓄本利而供配偶生活。由于社会养老金是必须缴纳的，家庭只能在消费、储蓄与死亡险的购买上选择。设 R_{t+1} 为 $t+1$ 期的无风险利率，而 Q_{t+1} 为死亡险的给付金。设 π^a 表示家庭中的男性在 $t+1$ 期存活的概率，而 π^d 则表示家庭中的男性在 $t+1$ 期死亡的概率，即

$$\pi^d = 1 - \pi^a$$

设 $Q_{t+1} > R_{t+1}$（否则会没有人购买寿险），代表的家庭男性考虑以下最优化问题：

$$\max E_t U(c_t^y, c_{t+1}^o, B_t) = u(c_t^y) + \beta\pi^a u(c_{t+1}^0) + \beta(1 - \pi^a) du(B_t)$$
$$\text{s. t. } c_t^y = w_t - \tau - \theta_t s_t - (1 - \theta_t) s_t$$
$$c_{t+1}^o = B\tau + R_{t+1}\theta_t s_t$$
$$B_t = R_{t+1}\theta_t s_t + Q_{t+1}(1 - \theta_t) s_t \tag{5.1}$$

其中，$0 \leq \theta_t \leq 1$，代表储蓄额度占总投资的比例；$0 < d < 1$，代表家庭中的男性死亡后，其配偶单独的效用与他自己效用的比例。如果男性看重配偶单独的效用，则 d 就要相对大一些，反之，则 d 就相对小一些。在效用函数的表示式中，c_t^y 表示家庭在男性年轻时的消费，即 t 期的消费，而 c_{t+1}^0 表示家庭在男性退休并存活时的消费，而 B_t 则表示男性死后所留的遗产。在男性死后，配偶获得他的遗产，并全部消费掉，得到效用。

男性获得工资收入 w_t，他以 τ 支付社会保险，剩余的收入用来储蓄、购买寿险及消费。工资支付社会保险后，再减去储蓄及买寿险的部分，就是家庭在 t 期的消费，这是第一

个预算约束。而第二个预算约束，则表示男性在 $t+1$ 期存活并退休，他领取养老保障金和储蓄的本金，全部用于 $t+1$ 期的消费。$B\tau$ 表示领取的养老金总额，R_{t+1} 为 $t+1$ 期的无风险利率。而第三个预算约束表示，若男性在 $t+1$ 期死亡，他的配偶会领取死亡给付 $Q_{t+1}(1-\theta_t)s_t$ 和储蓄的本金 $R_{t+1}\theta_t s_t$，全部用于 $t+1$ 期的消费。在把 $t+1$ 期的效用核算到 t 期时，贴现率为 β。如前所述，在把男性死后其配偶单独的效用核算到家庭总效用之中时，乘以一个小于 1 的比例 d。

设保费为公平保费，即

$$\pi^d Q_{t+1} = R_t$$

把约束全部代入目标函数，得到：

$$u\left[w_t - \tau - \theta_t s_t - (1-\theta_t)s_t\right] + \beta\pi^a u(B\tau + R_{t+1}\theta_t s_t) +$$
$$\beta(1-\pi^a)du\left[R_{t+1}\theta_t s_t + Q_{t+1}(1-\theta_t)s_t\right]$$

关于储蓄 s_t 的一阶条件：

$$-u'(c_t^y) + \beta\pi^a u'(c_{t+1}^o)R_{t+1}\theta_t + \beta(1-\pi^a)du'$$
$$(B_t)\left[Q_{t+1}(1-\theta_t) + R_{t+1}\theta_t\right] = 0 \tag{5.2}$$

关于 θ_t 的一阶条件：

$$\beta\pi^a u'(c_{t+1}^o)R_{t+1}s_t - \beta(1-\pi^a)du'(B_t)(Q_{t+1}-R_{t+1})s_t = 0$$

即

$$\pi^a u'(c_{t+1}^o)R_{t+1} - (1-\pi^a)du'(B_t)(Q_{t+1}-R_{t+1}) = 0 \tag{5.3}$$

为了可以具体计算出数值，给出效用函数的具体函数形式，设

$$u(c) = \ln c$$

那么，式（5.3）变为：

$$\frac{\pi^a R_{t+1}}{B\tau + R_{t+1}\theta_t s_t} - \frac{(1 - \pi^a)d(Q_{t+1} - R_{t+1})}{R_{t+1}\theta_t s_t + Q_{t+1}(1 - \theta_t)s_t} = 0$$

经过通分，去分母等运算，我们得到：

$$\pi^a R_{t+1}\left[Q_{t+1}s_t - \theta_t s_t(Q_{t+1} - R_{t+1})\right] - (1 - \pi^a)d(Q_{t+1} - R_{t+1})$$
$$(B\tau + R_{t+1}\theta_t s_t) = 0$$

经过整理，得到：

$$\theta_t s_t(Q_{t+1} - R_{t+1})R_{t+1}\left[\pi^a + (1 - \pi^a)d\right] = \pi^a R_{t+1}Q_{t+1}s_t -$$
$$(1 - \pi^a)d(Q_{t+1} - R_{t+1})B\tau$$

则得到：

$$\theta_t s_t = \frac{\pi^a R_{t+1}Q_{t+1}s_t - (1 - \pi^a)d(Q_{t+1} - R_{t+1})B\tau}{R_{t+1}(Q_{t+1} - R_{t+1})\left[\pi^a + (1 - \pi^a)d\right]} \quad (5.4)$$

也可以记为：

$$\theta_t = \frac{\pi^a R_{t+1}Q_{t+1} - (1 - \pi^a)d(Q_{t+1} - R_{t+1})\dfrac{B\tau}{s_t}}{R_{t+1}(Q_{t+1} - R_{t+1})\left[\pi^a + (1 - \pi^a)d\right]} \quad (5.5)$$

由式（5.3）还可以得到：

$$\beta(1 - \pi^a)du'(B_t)\theta_t(Q_{t+1} - R_{t+1}) = \beta\theta_t\pi^a u'(c_{t+1}^o)R_{t+1}$$

即

$$\beta(1 - \pi^a)du'(B_t)Q_{t+1} = \frac{\beta\pi^a u'(c_{t+1}^o)R_{t+1}Q_{t+1}}{Q_{t+1} - R_{t+1}}$$

代入式（5.2）中，得到：

$$-u'(c_t^y) + \beta\pi^a u'(c_{t+1}^o)R_{t+1}\theta_t - \beta\pi^a u'(c_{t+1}^o)R_{t+1}\theta_t +$$

$$\frac{\beta \pi^a u'(c_{t+1}^o) R_{t+1} Q_{t+1}}{Q_{t+1} - R_{t+1}} = 0$$

即

$$- u'(c_t^y) + \frac{\beta \pi^a u'(c_{t+1}^o) R_{t+1} Q_{t+1}}{Q_{t+1} - R_{t+1}} = 0 \qquad (5.6)$$

分别代入关于 u'、c_t^y 和 c_{t+1}^o 的表示式，式（5.6）变为：

$$\frac{1}{w_t - \tau - s_t} - \frac{\beta \pi^a R_{t+1} Q_{t+1}}{(Q_{t+1} - R_{t+1})(B\tau + R_{t+1} \theta_t s_t)} = 0$$

去分母，化简为：

$$(Q_{t+1} - R_{t+1})(B\tau + R_{t+1} \theta_t s_t) - \beta \pi^a R_{t+1} Q_{t+1}(w_t - \tau - s_t) = 0$$
$$(5.7)$$

把式（5.4）代入式（5.7），得到：

$$(Q_{t+1} - R_{t+1}) B\tau + \frac{\pi^a R_{t+1} Q_{t+1} s_t - (1 - \pi^a) d (Q_{t+1} - R_{t+1}) B\tau}{\pi^a + (1 - \pi^a) d}$$
$$- \beta \pi^a R_{t+1} Q_{t+1}(w_t - \tau - s_t) = 0$$

整理，得到：

$$\pi^a R_{t+1} Q_{t+1} s_t \left[\frac{1}{\pi^a + (1 - \pi^a) d} + \beta \right] = \frac{(1 - \pi^a) d (Q_{t+1} - R_{t+1}) B\tau}{\pi^a + (1 - \pi^a) d}$$
$$+ \beta \pi^a R_{t+1} Q_{t+1}(w_t - \tau) - (Q_{t+1} - R_{t+1}) B\tau$$

再整理，得到：

$$\pi^a R_{t+1} Q_{t+1} s_t \left\{ \frac{\beta [\pi^a + (1 - \pi^a) d] + 1}{\pi^a + (1 - \pi^a) d} \right\} = \beta \pi^a R_{t+1} Q_{t+1}(w_t - \tau)$$
$$+ (Q_{t+1} - R_{t+1}) B\tau \left[\frac{(1 - \pi^a) d}{\pi^a + (1 - \pi^a) d} - 1 \right]$$

进一步整理，得到：

$$\pi^a R_{t+1} Q_{t+1} s_t \left\{ \frac{\beta[\pi^a + (1 - \pi^a)d] + 1}{\pi^a + (1 - \pi^a)d} \right\} = \beta\pi^a R_{t+1} Q_{t+1}(w_t - \tau)$$

$$- (Q_{t+1} - R_{t+1})B\tau \frac{\pi^a}{\pi^a + (1 - \pi^a)d}$$

两边消去 π^a，得到：

$$R_{t+1} Q_{t+1} s_t \left\{ \frac{\beta[\pi^a + (1 - \pi^a)d] + 1}{\pi^a + (1 - \pi^a)d} \right\} = \beta R_{t+1} Q_{t+1}(w_t - \tau)$$

$$- (Q_{t+1} - R_{t+1})B\tau \frac{1}{\pi^a + (1 - \pi^a)d}$$

因而解出 s_t，得到：

$$s_t = \frac{\beta R_{t+1} Q_{t+1}(w_t - \tau)[\pi^a + (1 - \pi^a)d] - (Q_{t+1} - R_{t+1})B\tau}{R_{t+1} Q_{t+1}\{1 + \beta[\pi^a + (1 - \pi^a)d]\}}$$

$$(5.8)$$

把式（5.8）代入式（5.5）中，可以解出 θ_t，得到：

$$\theta_t = \frac{\pi^a R_{t+1} Q_{t+1} - (1 - \pi^a)d(Q_{t+1} - R_{t+1}) \dfrac{B\tau Q_{t+1} R_{t+1}\{\beta[\pi^a + (1 - \pi^a)d] + 1\}}{\beta Q_{t+1} R_{t+1}(w_t - \tau)[\pi^a + (1 - \pi^a)d] - (Q_{t+1} - R_{t+1})B\tau}}{R_{t+1}(Q_{t+1} - R_{t+1})[\pi^a + (1 - \pi^a)d]}$$

$$= \frac{\pi^a R_{t+1} Q_{t+1}\{\beta Q_{t+1} R_{t+1}(w_t - \tau)[\pi^a + (1 - \pi^a)d] - (Q_{t+1} - R_{t+1})B\tau\} - (1 - \pi^a)d(Q_{t+1} - R_{t+1})B\tau Q_{t+1} R_{t+1} M}{R_{t+1}(Q_{t+1} - R_{t+1})[\pi^a + (1 - \pi^a)d]\{\beta Q_{t+1} R_{t+1}(w_t - \tau)[\pi^a + (1 - \pi^a)d] - (Q_{t+1} - R_{t+1})B\tau\}}$$

其中 $M = \beta[\pi^a + (1 - \pi^a)d] + 1$。

虽然得到了 θ_t 的表示式，但只有在 $1 \geqslant \theta_t \geqslant 0$ 时才有意义。所以需要具体计算 θ_t 的值，先计算如下部分：

$$\pi^a R_{t+1} Q_{t+1} \{\beta Q_{t+1} R_{t+1} (w_t - \tau) [\pi^a + (1 - \pi^a) d] - (Q_{t+1} - R_{t+1}) B\tau\}$$
$$- (1 - \pi^a) d(Q_{t+1} - R_{t+1}) B\tau Q_{t+1} R_{t+1} M$$

$$= \pi^a R_{t+1} Q_{t+1} \beta Q_{t+1} R_{t+1} (w_t - \tau) [\pi^a + (1 - \pi^a) d]$$
$$- \pi^a Q_{t+1} R_{t+1} (Q_{t+1} - R_{t+1}) B\tau$$

$$- (1 - \pi^a) d(Q_{t+1} - R_{t+1}) B\tau Q_{t+1} R_{t+1} - (1 - \pi^a)$$
$$d(Q_{t+1} - R_{t+1}) B\tau Q_{t+1} R_{t+1} \beta [\pi^a + (1 - \pi^a) d]$$

$$= \pi^a R_{t+1} Q_{t+1} \beta Q_{t+1} R_{t+1} (w_t - \tau) [\pi^a + (1 - \pi^a) d] - Q_{t+1} R_{t+1}$$
$$(Q_{t+1} - R_{t+1}) B\tau [\pi^a + (1 - \pi^a) d]$$

$$- (1 - \pi^a) d(Q_{t+1} - R_{t+1}) B\tau Q_{t+1} R_{t+1} \beta [\pi^a + (1 - \pi^a) d]$$

$$= Q_{t+1} R_{t+1} [\pi^a + (1 - \pi^a) d] \{\beta \pi^a Q_{t+1} R_{t+1} (w_t - \tau) -$$
$$[1 + \beta (1 - \pi^a) d] (Q_{t+1} - R_{t+1}) B\tau\}$$

代入 θ_t 的表示式，得到：

$$\theta_t = \frac{Q_{t+1} \{\beta \pi^a Q_{t+1} R_{t+1} (w_t - \tau) - [1 + \beta (1 - \pi^a) d] (Q_{t+1} - R_{t+1}) B\tau\}}{(Q_{t+1} - R_{t+1}) \{\beta Q_{t+1} R_{t+1} (w_t - \tau) [\pi^a + (1 - \pi^a) d] - (Q_{t+1} - R_{t+1}) B\tau\}}$$

$$(5.9)$$

考虑要

$$\theta_t < 1$$

就需要：

$$Q_{t+1} \{\beta \pi^a Q_{t+1} R_{t+1} (w_t - \tau) - [1 + \beta (1 - \pi^a) d] (Q_{t+1} -$$
$$R_{t+1}) B\tau\} < (Q_{t+1} - R_{t+1}) \beta Q_{t+1} R_{t+1} (w_t - \tau) [\pi^a +$$
$$(1 - \pi^a) d] - (Q_{t+1} - R_{t+1})^2 B\tau$$

整理上面不等式的两边，得到：

$$(Q_{t+1} - R_{t+1}) B\tau [- Q_{t+1} - \beta (1 - \pi^a) d Q_{t+1} + Q_{t+1} - R_{t+1}] <$$
$$(Q_{t+1} - R_{t+1}) \beta Q_{t+1} R_{t+1} (w_t - \tau) [\pi^a + (1 - \pi^a) d] -$$
$$\beta \pi^a Q_{t+1} Q_{t+1} R_{t+1} (w_t - \tau)$$

或写为：

$$- (Q_{t+1} - R_{t+1}) B\tau [\beta(1 - \pi^a) dQ_{t+1} + R_{t+1}]$$
$$< (Q_{t+1} - R_{t+1}) \beta Q_{t+1} R_{t+1}(w_t - \tau)(1 - \pi^a)$$
$$\quad d - \pi^a R_{t+1} \beta Q_{t+1} R_{t+1}(w_t - \tau)$$
$$= \beta Q_{t+1} R_{t+1}(w_t - \tau)[(1 - \pi^a) d(Q_{t+1} - R_{t+1}) - \pi^a R_{t+1}]$$
$$= \beta Q_{t+1} R_{t+1}(w_t - \tau)\{(1 - \pi^a) dQ_{t+1} - [\pi^a +$$
$$\quad (1 - \pi^a) d] R_{t+1}\}$$

当 π^a 充分大，会有不等式的右侧大于零，而不等式的左侧小于零，因而不等式成立，$\theta_t < 1$。当 π^a 充分大，会有 θ_t 表示式的分子大于零，当 $w_t - \tau$ 充分大时也会有分母大于零，因而，$\theta_t > 0$。综合上述，会有 $0 < \theta_t < 1$ 成立。

在这一节中，我们得到了死亡险的需求函数 $(1 - \theta_t) s_t$。用这一需求函数可以分析各个经济参数的变化对寿险需求的影响。由于需求函数的表示很复杂，我们分别对总投资 s_t、储蓄占比 θ_t 和寿险购买占比 $1 - \theta_t$ 进行分析。

二 对死亡险的需求分析

1. 收入对死亡险需求的影响

由式（5.8）可以看到收入 w_t 的增加使总投资 s_t 增加。而考虑收入对储蓄占比 θ_t 的影响，只需考虑式（5.9）中的

$$\frac{\beta \pi^a Q_{t+1} R_{t+1}(w_t - \tau) - [1 + \beta(1 - \pi^a) d](Q_{t+1} - R_{t+1}) B\tau}{\beta Q_{t+1} R_{t+1}(w_t - \tau)[\pi^a + (1 - \pi^a) d] - (Q_{t+1} - R_{t+1}) B\tau}$$

对收入的影响。为简化运算中的符号，把上式记为 a，分母记为 n_1。考虑

$$\frac{\mathrm{d}a}{\mathrm{d}w_t} = \frac{\beta\pi^a Q_{t+1}R_{t+1}[\beta Q_{t+1}R_{t+1}(w_t-\tau)y_1 - y_2 B\tau] - \beta^2\pi^a Q_{t+1}^2 R_{t+1}^2}{(w_t-\tau)y_1 - \beta Q_{t+1}R_{t+1}y_1 y_2 y_3 B\tau}{n_1^2}$$

$$= \frac{-\beta\pi^a Q_{t+1}R_{t+1}y_2 B\tau - \beta Q_{t+1}R_{t+1}y_1 y_2 y_3 B\tau}{n_1^2}$$

$$= \frac{-\beta Q_{t+1}R_{t+1}y_2 B\tau(y_1 y_3 + \pi^a)}{n_1^2} < 0$$

其中，$y_1 = \pi^a + (1-\pi^a)d, y_2 = Q_{t+1} - R_{t+1}, y_3 = 1 + \beta(1-\pi^a)d$。由上面的运算得到，当收入上升时，储蓄的占比下降，而寿险的占比上升。因为收入的增加使总投资增加，所以综合起来，收入的增加使死亡险的购买金额上升。收入的上升也使防止死亡风险的重要性上升，因此，寿险的购买增加。

2. 社会养老保障的供款 τ 对死亡险需求的影响

从式（5.8）中可以看到 τ 的增加会造成总投资的减少。而由式（5.4）明显可以看到 τ 的上升会造成储蓄金额 $\theta_t s_t$ 的减少。现在从式（5.5）可知，要了解储蓄占比的影响，只须看 $\frac{B\tau}{s_t}$ 的影响。

$$\frac{\mathrm{d}}{\mathrm{d}\tau}\left(\frac{B\tau}{s_t}\right) = \frac{Bs_t - B\tau\dfrac{\mathrm{d}s_t}{\mathrm{d}\tau}}{s_t^2} > 0$$

因为在 θ_t 的表示式中 $\frac{B\tau}{s_t}$ 的前面是负号，这一项的增加意味着 θ_t 的减少。所以，社会养老保障体系中的供款金额上升，使储蓄占比下降，因而使死亡险的购买金额占总投资的比例上升。而死亡险的购买金额是上升还是下降抑或保持不变，并不明确。只知道，当 τ 上升时，家庭因为可支配收入减少而缩减了总投资，但是同时提高了在死亡险上的投资比例。

3. 社会养老保障给付金的变化对死亡险需求的影响

由式（5.8）得到，当 B 变大时，总投资 s_t 会减小。由式（5.4）得到 B 的上升会导致储蓄总金额 $\theta_t s_t$ 的减小。再看 θ_t 的变化，考虑

$$\frac{\mathrm{d}a}{\mathrm{d}B} = \frac{\begin{array}{c} -y_3 y_2 \tau[\beta Q_{t+1} R_{t+1}(w_t - \tau)y_1 - y_2 B\tau] + \\ y_2\tau[\beta\pi^a Q_{t+1}R_{t+1}(w_t - \tau) - y_3 y_2 B\tau] \end{array}}{n_1^2}$$

$$= \frac{y_2\tau\beta Q_{t+1}R_{t+1}(w_t - \tau)(\pi^a - y_1 y_3)}{n_1^2}$$

现在计算：

$$
\begin{aligned}
\pi^a - y_1 y_3 &= \pi^a - [\pi^a + (1 - \pi^a)d][1 + \beta(1 - \pi^a)d] \\
&= \pi^a - \pi^a - \pi^a\beta(1 - \pi^a)d - (1 - \pi^a)d[1 + \beta(1 - \pi^a)d] \\
&= -\pi^a\beta(1 - \pi^a)d - (1 - \pi^a)d[1 + \beta(1 - \pi^a)d] < 0
\end{aligned}
$$

我们得到社会养老保障给付金的上升使储蓄在总投资中的占比下降，而死亡险的购买占比上升。当社会保障水平提高时，人们为将来而储蓄的意愿减弱，导致储蓄的减少。但是，对死亡风险的意识增强，而转向在总投资中购买更大比例的死亡险。

4. 生存概率的提高对死亡险需求的影响

π^a 的增大，意味着死亡风险的减少。考虑式（5.8），得到：

$$\frac{\mathrm{d}s_t}{\mathrm{d}\pi^a} = \frac{\begin{array}{l}\beta Q_{t+1}R_{t+1}(w_t - \tau)(1 - d)(\beta y_1 + 1) - \beta(1 - \\ d)[\beta Q_{t+1}R_{t+1}(w_t - \tau)y_1 - y_2 B\tau]\end{array}}{Q_{t+1}R_{t+1}(\beta y_1 + 1)^2}$$

$$= \frac{\beta Q_{t+1}R_{t+1}(w_t - \tau)(1 - d) + \beta(1 - d)y_2 B\tau}{Q_{t+1}R_{t+1}(\beta y_1 + 1)^2} > 0$$

因此，随着生存概率的上升，总投资也上升。

现在考虑对 θ_t 的影响：

$$\frac{\mathrm{d}\theta_t}{\mathrm{d}\pi^a} = \frac{Q_{t+1}}{y_2}\frac{\begin{array}{l}[\beta Q_{t+1}R_{t+1}(w_t - \tau) + \beta dy_2 B\tau]n_1 - \beta Q_{t+1}R_{t+1}(w_t - \tau) \\ (1 - d)[\beta\pi^a Q_{t+1}R_{t+1}(w_t - \tau) - y_4 y_2 B\tau]\end{array}}{n_1^2}$$

这里，$y_4 = 1 + \beta(1 - \pi^a)d$。考虑分子：

$[\beta Q_{t+1}R_{t+1}(w_t - \tau) + \beta dy_2 B\tau]n_1 - \beta Q_{t+1}R_{t+1}(w_t - \tau)(1 - d)$
$[\beta\pi^a Q_{t+1}R_{t+1}(w_t - \tau) - y_4 y_2 B\tau]$

$= [\beta Q_{t+1}R_{t+1}(w_t - \tau) + \beta dy_2 B\tau][\beta Q_{t+1}R_{t+1}(w_t - \tau)y_1 - y_2 B\tau]$
$\quad - \beta^2\pi^a Q_{t+1}^2 R_{t+1}^2(w_t - \tau)^2(1 - d) + \beta Q_{t+1}R_{t+1}(w_t - \tau)(1 - d)y_4 y_2 B\tau$

$= \beta^2 Q_{t+1}^2 R_{t+1}^2(w_t - \tau)^2 y_1 + \beta^2 Q_{t+1}R_{t+1}(w_t - \tau)y_1 dy_2 B\tau - \beta Q_{t+1}R_{t+1}$
$\quad (w_t - \tau)y_2 B\tau - \beta dy_2^2(B\tau)^2$
$\quad - \beta^2\pi^a Q_{t+1}^2 R_{t+1}^2(w_t - \tau)^2(1 - d) + \beta Q_{t+1}R_{t+1}(w_t - \tau)(1 - d)y_4 y_2 B\tau$

$= \beta^2 Q_{t+1}^2 R_{t+1}^2(w_t - \tau)^2[y_1 - (1 - d)\pi^a] + \beta Q_{t+1}R_{t+1}(w_t - \tau)y_2$
$\quad B\tau[\beta dy_1 + (1 - d)y_4 - 1] - \beta dy_2^2(B\tau)^2$

$= \beta^2 Q_{t+1}^2 R_{t+1}^2(w_t - \tau)^2 d + \beta Q_{t+1}R_{t+1}(w_t - \tau)y_2$
$\quad B\tau[\beta dy_1 + (1 - d)y_4 - 1] - \beta dy_2^2(B\tau)^2$

$= \beta^2 Q_{t+1}^2 R_{t+1}^2(w_t - \tau)^2 d + \beta Q_{t+1}R_{t+1}(w_t - \tau)y_2$
$\quad B\tau(\beta - 1)d - \beta dy_2^2(B\tau)^2$

$= \beta Q_{t+1}R_{t+1}(w_t - \tau)d[\beta Q_{t+1}R_{t+1}(w_t - \tau) - B\tau]$
$\quad + \beta y_2 B\tau d[\beta Q_{t+1}R_{t+1}(w_t - \tau) - y_2 B\tau]$

若 $\beta Q_{t+1} R_{t+1}(w_t - \tau) - B\tau > 0$，必有 $\beta Q_{t+1} R_{t+1}(w_t - \tau) - y_2 B\tau > 0$，因为 $y_2 = Q_{t+1} - R_{t+1} < 1$。这样，$\dfrac{\mathrm{d}\theta_t}{\mathrm{d}\pi^a}$ 的分子大于零，

因而 $\dfrac{\mathrm{d}\theta_t}{\mathrm{d}\pi^a} > 0$。上式中的 $(\beta - 1)\, d$ 是由下面的计算而来：

$$\beta d y_1 + (1 - d) y_4 - 1 = \beta d [\pi^a + (1 - \pi^a) d] + (1 - d)$$

$$[\beta(1 - \pi^a) d + 1] - 1 = \beta d - d$$

这样，随着生存概率的提高，储蓄的占比也提高，储蓄的金额也增加，而死亡险的购买金额占总投资的比例下降，这是由死亡风险的减小而导致的。

5. 死亡给付金 Q_{t+1} 对死亡险需求的影响

由式（5.8），得到：

$$s_t = \frac{\beta R_{t+1}(w_t - \tau)[\pi^a + (1 - \pi^a) d] - \left(1 - \dfrac{R_{t+1}}{Q_{t+1}}\right) B\tau}{R_{t+1}\{1 + \beta[\pi^a + (1 - \pi^a) d]\}}$$

随着 Q_{t+1} 的增加，s_t 会减少。在式（5.9）中分子分母同除以 Q_{t+1}^2，得到：

$$\theta_t = \frac{\beta \pi^a R_{t+1}(w_t - \tau) - [1 + \beta(1 - \pi^a) d]\left(1 - \dfrac{R_{t+1}}{Q_{t+1}}\right) B\tau}{\left(1 - \dfrac{R_{t+1}}{Q_{t+1}}\right)\left\{\beta R_{t+1}(w_t - \tau)[\pi^a + (1 - \pi^a) d] - \left(1 - \dfrac{R_{t+1}}{Q_{t+1}}\right) B\tau\right\}}$$

$$(5.10)$$

令

$$1 - \frac{R_{t+1}}{Q_{t+1}} = z_1$$

$$b = \frac{[1 + \beta(1 - \pi^a)d]\left(1 - \dfrac{R_{t+1}}{Q_{t+1}}\right)B\tau}{\left(1 - \dfrac{R_{t+1}}{Q_{t+1}}\right)\left\{\beta R_{t+1}(w_t - \tau)[\pi^a + (1 - \pi^a)d] - \left(1 - \dfrac{R_{t+1}}{Q_{t+1}}\right)B\tau\right\}}$$

则可计算：

$$\frac{\mathrm{d}b}{\mathrm{d}z_1} = \frac{\begin{aligned}&[1 + \beta(1 - \pi^a)d]z_1 B\tau[\beta R_{t+1}(w_t - \tau)y_1 - z_1 B\tau] - \\ &[\beta R_{t+1}(w_t - \tau)y_1 - 2z_1 B\tau][1 + \beta(1 - \pi^a)d]z_1 B\tau\end{aligned}}{z_1{}^2\{\beta R_{t+1}(w_t - \tau)[\pi^a + (1 - \pi^a)d] - z_1 B\tau\}^2}$$

$$= \frac{z_1 B\tau[1 + \beta(1 - \pi^a)d]z_1 B\tau}{z_1{}^2\{\beta R_{t+1}(w_t - \tau)[\pi^a + (1 - \pi^a)d] - z_1 B\tau\}^2} > 0$$

由于在（5.10）中，b 项的前面是负号，因此，θ_t 关于 z_1 是递减的，又由于 z_1 关于 Q_{t+1} 是递增的，因而 θ_t 关于 Q_{t+1} 也是递减的。综合起来，总投资关于 Q_{t+1} 是递减的，而随着 Q_{t+1} 的上升，寿险购买金额占总投资的比例上升。

6. 无风险利率对死亡险需求的影响

在式（5.8）中将分子、分母同除以 R_{t+1}，得到：

$$s_t = \frac{\beta Q_{t+1}(w_t - \tau)[\pi^a + (1 - \pi^a)d] - \left(\dfrac{Q_{t+1}}{R_{t+1}} - 1\right)B\tau}{Q_{t+1}\{1 + \beta[\pi^a + (1 - \pi^a)d]\}}$$

从上式可以看到 s_t 关于无风险利率是递增的。在式（5.9）中，把分子、分母整理为如下形式：

$$\theta_t = \frac{Q_{t+1}\left\{\beta\pi^a Q_{t+1}(w_t - \tau) - [1 + \beta(1 - \pi^a)d]\left(\dfrac{Q_{t+1}}{R_{t+1}} - 1\right)B\tau\right\}}{R_{t+1}\left(\dfrac{Q_{t+1}}{R_{t+1}} - 1\right)\left\{\beta Q_{t+1}(w_t - \tau)[\pi^a + (1 - \pi^a)d] - \left(\dfrac{Q_{t+1}}{R_{t+1}} - 1\right)B\tau\right\}}$$

令

$$z_2 = \frac{Q_{t+1}}{R_{t+1}} - 1$$

$$z_2\{\beta Q_{t+1}(w_t - \tau)[\pi^a + (1 - \pi^a)d] - z_2 B\tau\} = n_2$$

$$(z_2 + 1)\{\beta\pi^a Q_{t+1}(w_t - \tau) - [1 + \beta(1 - \pi^a)d]z_2 B\tau\} = n_3$$

计算 θ_t 关于 z_2 的导数：

$$\frac{d\theta_t}{dz_2} = \frac{[\beta\pi^a Q_{t+1}(w_t - \tau) - y_4 z_2 B\tau - y_4(z_2 + 1)B\tau]n_2 - n_3\dfrac{dn_2}{dz_2}}{R_{t+1}\left(\dfrac{Q_{t+1}}{R_{t+1}} - 1\right)\left\{\beta Q_{t+1}(w_t - \tau)[\pi^a + (1 - \pi^a)d] - \left(\dfrac{Q_{t+1}}{R_{t+1}} - 1\right)B\tau\right\}}$$

考虑

$$\{\beta\pi^a Q_{t+1}(w_t - \tau) - [1 + \beta(1 - \pi^a)d]z_2 B\tau - [1 + \beta(1 - \pi^a)d]$$

$$(z_2 + 1)B\tau\}n_2 - n_3\frac{dn_2}{dz_2}$$

$$= \left\{\frac{n_3}{z_2 + 1} - [1 + \beta(1 - \pi^a)d](z_2 + 1)B\tau\right\}n_2 - \frac{n_2}{z_2}n_3 - z_2 B\tau n_3$$

$$= \frac{-n_2 n_3}{z_2(z_2 + 1)} - [1 + \beta(1 - \pi^a)d](z_2 + 1)B\tau n_2 - z_2 n_3 B\tau$$

由于 $Q_{t+1} > R_{t+1}$，所以 $z_2 > 0$。又由于 n_2 和 n_3 均为正，因而 $\dfrac{d\theta_t}{dz_2} < 0$。又由于 z_2 关于 R_{t+1} 是递减的，因而 θ_t 关于 R_{t+1} 是递增的。综合起来，储蓄占比和总投资随无风险利率的上升而上升，因而储蓄的金额也会增加。这是因为无风险利率的上升缩小了寿险的给付金与储蓄收益之间的差距，而寿险的给付金还有可能得不到，所以个人选择他确实可以得到的储蓄。

第二节　生存保险需求理论分析

本节研究商业养老保险的问题，因为在我国商业养老保险还没有分离出来，所以在这里并入寿险的生存保险中研究。为了减轻国家财政负担，也为了更好地安排个人退休后的生活，个人应考虑商业养老保险的购买，国家也需要对商业养老保险的发展给予支持。在这一节中，主要从理论模型上考虑和分析商业养老保险的需求问题。首先，建立模型，求出商业养老保险的需求函数，然后对这一需求函数进行分析，分析各种老龄化因素和国家政策的变动对商业养老需求的影响。

一 生存保险的需求函数

在这种情况下，仍然使用世代交叠模型。同上一节一样，首先，家庭必须在收入 w_t 中支付社会养老保障的供款 τ，这是不可选择的。剩余的收入 $w_t - \tau$ 为家庭的可支配收入。设家庭中的男性工作，赚得工资，因而由男性安排家庭的消费计划，考虑可支配收入在储蓄、生存保险和消费中分配。在此假设生存保险的收益为 Q_{t+1}，大于 R_{t+1}。这样假设的原因在于，如果不是这样，则生存保险的购买金额会为零。生存保险只有在生存的情况下才能支付。设 s_t 为家庭的总投资，θ_t 为可支配收入中家庭储蓄的比例，$1 - \theta_t$ 是用于购买生存保险的比例。设 π^a 为家庭中的男性在 $t+1$ 期初的生存概率。如男性在 $t+1$ 期初生存，他在这一期中退休，领取社会养老保障金 $B\tau$ 和生存保险，其中 B 会随着下一代的年轻人数量即下一期间社会养老保障供款人数量的变化而变化。家庭依靠社会养老保障、商业养老保险和储蓄的本利而消费，在 $t+1$ 期末死亡。如男性死亡，他的配偶以他的遗产为生活费用，而男性在计算家庭的效用时，对于他死后配偶单独的效用要乘以一个小于 1 的比例 d。把男性死后留下的遗产记为 B_t。

那么，家庭面临如下最优化问题：

$$\max E_t U(c_t^y, c_{t+1}^o, B_t) = u(c_t^y) + \beta \pi^a u(c_{t+1}^o) + d\beta(1 - \pi^a)u(B_t)$$

$$\text{s. t. } c_t^y = w_t - \tau - \theta_t s_t - (1 - \theta_t)s_t$$

$$c_{t+1}^o = R_{t+1}\theta_t s_t + Q_{t+1}(1 - \theta_t)s_t$$

$$B_t = R_{t+1}\theta_t s_t$$

我们把家庭在 t 期的消费记为 c_t^y，若男性在 $t+1$ 期生存，则家庭在 $t+1$ 期的消费记为 c_{t+1}^o，若男性在 $t+1$ 期初死亡，将其遗产记为 B_t，其配偶消费所有遗产以获得效用。把配偶单独的效用乘以一个小于 1 的比例 d 加在家庭的总效用上。把 $t+1$ 期家庭的效用用贴现率 β 贴现到 t 期。

第一个预算约束表示将可支配收入进行投资和消费，而投资又选择储蓄和购买商业养老保险（生存险），用于储蓄的比例是 θ_t，而用于购买生存险的比例为 $1 - \theta_t$。第二个预算约束为男性在 $t+1$ 期生存时，把储蓄的本金和所购买的生存险的年金全部用于 $t+1$ 期的家庭消费。第三个约束式表示，当男性在 $t+1$ 期初死亡时，配偶把他的遗产即储蓄的本金全部消费掉。

把上述约束式代入效用函数中，得到下面的效用函数：

$$u[w_t - \tau - \theta_t s_t - (1 - \theta_t)s_t] + \beta \pi^a u[R_{t+1}\theta_t s_t + Q_{t+1}(1 - \theta_t)s_t]$$
$$+ d\beta(1 - \pi^a)u(R_{t+1}\theta_t s_t)$$

由上面的最优化问题得到关于 s_t 的一阶条件：

$$- u'(c_t^y) + \beta \pi^a u'(c_{t+1}^o)[\theta_t R_{t+1} + (1 - \theta_t)Q_{t+1}] + \beta(1 - \pi^a)$$
$$du'(B_t)\theta_t R_{t+1} = 0 \tag{5.11}$$

关于 θ_t 的一阶条件：

$$- \beta \pi^a u'(c_{t+1}^o)(Q_{t+1} - R_{t+1})s_t + \beta(1 - \pi^a)du'(B_t)R_{t+1}s_t = 0$$

把上式化简为：

$$- \pi^a u'(c_{t+1}^o)(Q_{t+1} - R_{t+1}) + (1 - \pi^a)du'(B_t)R_{t+1} = 0$$

$$(5.12)$$

由式（5.12）得到：

$$(1 - \pi^a)du'(B_t)R_{t+1} = \pi^a u'(c_{t+1}^o)(Q_{t+1} - R_{t+1})$$

将上式代入式（5.11）中，得到：

$$- u'(c_t^y) + \beta \pi^a u'(c_{t+1}^o)[\theta_t R_{t+1} + (1 - \theta_t)Q_{t+1}] + \beta \pi^a u'(c_{t+1}^o)$$
$$(Q_{t+1} - R_{t+1})\theta_t = 0$$

化简，得到：

$$- u'(c_t^y) + \beta \pi^a u'(c_{t+1}^o)Q_{t+1} = 0 \qquad (5.13)$$

由于效用函数为凹函数，所以在上述条件下，驻点的函数值一定是最大值，即驻点就是最大值点。

下面设

$$u(c) = \ln c$$

求出具体最大值点：

先考虑式（5.13），求出 u'，并代入 c_t^y 与 c_{t+1}^o 的表示式，得到：

$$\frac{-1}{w_t - \tau - s_t} + \frac{\beta \pi^a Q_{t+1}}{B\tau + R_{t+1}\theta_t s_t + Q_{t+1}(1 - \theta_t)s_t} = 0$$

通分，去分母，由上式可知：

$$- B\tau - R_{t+1}\theta_t s_t - Q_{t+1}(1 - \theta_t)s_t + \beta \pi^a Q_{t+1}(w_t - \tau - s_t) = 0$$

$$(5.14)$$

由式（5.12）得到：

$$\frac{-\pi^a(Q_{t+1}-R_{t+1})}{B\tau+R_{t+1}\theta_t s_t+Q_{t+1}(1-\theta_t)s_t}+\frac{(1-\pi^a)dR_{t+1}}{R_{t+1}\theta_t s_t}=0$$

通分，去分母，得到：

$$-\pi^a(Q_{t+1}-R_{t+1})\theta_t s_t+(1-\pi^a)d[B\tau+R_{t+1}\theta_t s_t+$$
$$Q_{t+1}(1-\theta_t)s_t]=0 \tag{5.15}$$

由式（5.15）得到：

$$B\tau+R_{t+1}\theta_t s_t+Q_{t+1}(1-\theta_t)s_t=\frac{\pi^a(Q_{t+1}-R_{t+1})\theta_t s_t}{(1-\pi^a)d}$$

注意，上式也可以写成：

$$c^o_{t+1}=\frac{\pi^a(Q_{t+1}-R_{t+1})\theta_t s_t}{(1-\pi^a)d}$$

代入式（5.14）中，得到：

$$-\frac{\pi^a(Q_{t+1}-R_{t+1})\theta_t s_t}{(1-\pi^a)d}+\beta\pi^a Q_{t+1}(w_t-\tau-s_t)=0$$

通分，去分母，得到：

$$-\pi^a(Q_{t+1}-R_{t+1})\theta_t s_t+\beta\pi^a(1-\pi^a)dQ_{t+1}(w_t-\tau-s_t)=0$$

由此，得到：

$$\theta_t s_t=\frac{(1-\pi^a)d\beta Q_{t+1}(w_t-\tau-s_t)}{Q_{t+1}-R_{t+1}} \tag{5.16}$$

把式（5.15）改写为：

$$-\pi^a(Q_{t+1}-R_{t+1})\theta_t s_t+(1-\pi^a)d(B\tau+Q_{t+1}s_t)-(1-\pi^a)$$
$$d(Q_{t+1}-R_{t+1})\theta_t s_t=0$$

即

$$-\left[\pi^a + (1 - \pi^a)d\right](Q_{t+1} - R_{t+1})\theta_t s_t + (1 - \pi^a)$$
$$d(B\tau + Q_{t+1}s_t) = 0$$

由上式得到:

$$\theta_t s_t = \frac{(1 - \pi^a)d(B\tau + Q_{t+1}s_t)}{\left[\pi^a + (1 - \pi^a)d\right](Q_{t+1} - R_{t+1})} \tag{5.17}$$

比较式 (5.16) 与式 (5.17), 得到:

$$\frac{(1 - \pi^a)d(B\tau + Q_{t+1}s_t)}{\left[\pi^a + (1 - \pi^a)d\right](Q_{t+1} - R_{t+1})} = \frac{(1 - \pi^a)d\beta Q_{t+1}(w_t - \tau - s_t)}{Q_{t+1} - R_{t+1}}$$

经过整理, 得到:

$$\beta Q_{t+1}(w_t - \tau - s_t) = \frac{B\tau + Q_{t+1}s_t}{\left[\pi^a + (1 - \pi^a)d\right]}$$

把含有 s_t 的项移到右侧, 不含 s_t 的项移到左侧, 整理得到:

$$s_t Q_{t+1}\left[\beta + \frac{1}{\pi^a + (1 - \pi^a)d}\right] = \beta Q_{t+1}(w_t - \tau) - \frac{B\tau}{\pi^a + (1 - \pi^a)d}$$

或

$$s_t Q_{t+1}\frac{\beta\left[\pi^a + (1 - \pi^a)d\right] + 1}{\pi^a + (1 - \pi^a)d} = \beta Q_{t+1}(w_t - \tau) - \frac{B\tau}{\pi^a + (1 - \pi^a)d}$$

由此得到:

$$s_t = \frac{\beta Q_{t+1}(w_t - \tau)\left[\pi^a + (1 - \pi^a)d\right] - B\tau}{Q_{t+1}\{\beta\left[\pi^a + (1 - \pi^a)d\right] + 1\}} \tag{5.18}$$

由式 (5.16) 得到:

$$\theta_t = \frac{(1 - \pi^a)d\beta Q_{t+1}\left(\frac{w_t - \tau}{s_t} - 1\right)}{Q_{t+1} - R_{t+1}}$$

$$
\begin{aligned}
&\beta(1-\pi^a)dQ_{t+1}\{(w_t-\tau)Q_{t+1}\beta[\pi^a+(1-\pi^a)d]+\\
=&\frac{(w_t-\tau)Q_{t+1}-\beta Q_{t+1}(w_t-\tau)[\pi^a+(1-\pi^a)d]+B\tau\}}{(Q_{t+1}-R_{t+1})\{\beta Q_{t+1}(w_t-\tau)[\pi^a+(1-\pi^a)d]-B\tau\}}\\
=&\frac{\beta(1-\pi^a)dQ_{t+1}[(w_t-\tau)Q_{t+1}+B\tau]}{(Q_{t+1}-R_{t+1})\{\beta Q_{t+1}(w_t-\tau)[\pi^a+(1-\pi^a)d]-B\tau\}}
\end{aligned}
$$

$$(5.19)$$

第二个等式是把式（5.18）代入后并通分的结果，经过整理，得到第三个等式。

现在要分析 $0<\theta_t<1$ 是否成立。由于分子是正的，只需要判断分母是否为正即可。当

$$\beta Q_{t+1}(w_t-\tau)[\pi^a+(1-\pi^a)d]>B\tau$$

时，可知分母是正的，因而

$$\theta_t>0$$

也就是说，当 β 与 d 充分大时，会有 $\theta_t>0$。

下面考虑 $\theta_t<1$ 是否成立。也就是看式（5.19）中，是否有分子小于分母成立。考虑

$$
\begin{aligned}
&\beta(1-\pi^a)dQ_{t+1}(w_t-\tau)Q_{t+1}+\beta(1-\pi^a)dQ_{t+1}B\tau\\
&<(Q_{t+1}-R_{t+1})\beta\pi^a Q_{t+1}(w_t-\tau)\\
&+Q_{t+1}\beta Q_{t+1}(w_t-\tau)(1-\pi^a)d-R_{t+1}\beta Q_{t+1}(w_t-\tau)(1-\pi^a)d\\
&-B\tau(Q_{t+1}-R_{t+1})
\end{aligned}
$$

即

$$
\begin{aligned}
&\beta(1-\pi^a)dQ_{t+1}B\tau+B\tau(Q_{t+1}-R_{t+1})<(Q_{t+1}-R_{t+1})\\
&\beta\pi^a Q_{t+1}(w_t-\tau)-R_{t+1}\beta Q_{t+1}(w_t-\tau)(1-\pi^a)d
\end{aligned}
$$

也就是，

$$B\tau\left\{\left[1+\beta(1-\pi^a)d\right]Q_{t+1}-R_{t+1}\right\}<\beta Q_{t+1}(w_t-\tau)$$

$$\left\{\pi^a Q_{t+1}-\left[\pi^a+(1-\pi^a)d\right]R_{t+1}\right\}$$

上式的左侧大于零，而右侧当 β 充分大，生存概率 π^a 充分大，而且 Q_{t+1} 和 R_{t+1} 之间的差充分大时，上面的不等式可能成立，也就是 $\theta_t<1$ 成立。

二 生存保险需求的理论分析

下面讨论各种参数的变化对生存保险的影响，即各种外界因素，如人口老龄化引起的国家政策的变化，供款金额的上升，养老给付金的减少，利息率的变化等对生存保险需求的影响。

1. 收入对生存保险需求的影响

在 θ_t 的表示式中，把其他不含有 $w_t-\tau$ 的相乘的因子都看作常数，只考虑收入的变化对因子 $k=\dfrac{(w_t-\tau)Q_{t+1}+B\tau}{\beta Q_{t+1}(w_t-\tau)[\pi^a+(1-\pi^a)d]-B\tau}$ 的影响。

$$\frac{\mathrm{d}k}{\mathrm{d}w_t}=\frac{\begin{array}{c}Q_{t+1}\left\{\beta Q_{t+1}(w_t-\tau)[\pi^a+(1-\pi^a)d]-B\tau\right\}-\beta Q_{t+1}[\pi^a+\\(1-\pi^a)d][(w_t-\tau)Q_{t+1}-B\tau]\end{array}}{m_1^2}$$

$$=\frac{B\tau Q_{t+1}\left\{\beta[\pi^a+(1-\pi^a)d]-1\right\}}{m_1^2}<0$$

其中，$m_1=\beta Q_{t+1}(w_t-\tau)[\pi^a+(1-\pi^a)d]-B\tau$。上式小于零，是因为 $\pi^a+(1-\pi^a)d<1$。

随着收入的增加，储蓄占总投资（储蓄与生存保险的总和）的比例 θ_t 会下降，而生存保险占总投资的比例 $1-\theta_t$ 会上升。由式（5.18）可以看出，随着收入的增加，总投资的量 s_t 也会增加，因而综合起来，随着收入的上升，生存保险的需求也会增加。

2. 社会养老保障供款 τ 对生存保险需求的影响

只须分析式（5.19）中第一个等式中因子 $\dfrac{w_t-\tau}{st}$ 对 τ 的变化的影响。令这一因子为 m_2。

考虑

$$\frac{\mathrm{d}m_2}{\mathrm{d}\tau}=\frac{-s_t-\dfrac{\mathrm{d}s_t}{\mathrm{d}\tau}(w_t-\tau)}{s_t^2}$$

而

$$\frac{\mathrm{d}s_t}{\mathrm{d}\tau}=\frac{-\beta Q_{t+1}\left[\pi^a+(1-\pi^a)d\right]-B}{Q_{t+1}\{\beta[\pi^a+(1-\pi^a)d]+1\}}<0$$

那么，

$$\begin{aligned}\frac{\mathrm{d}m_2}{\mathrm{d}\tau}&=\frac{-s_t-\dfrac{\mathrm{d}s_t}{\mathrm{d}\tau}(w_t-\tau)}{s_t^2}\\&=\frac{-\beta Q_{t+1}(w_t-\tau)\left[\pi^a+(1-\pi^a)d\right]+B\tau+\beta Q_{t+1}}{(w_t-\tau)\left[\pi^a+(1-\pi^a)d\right]+B(w_t-\tau)}\\&=\frac{}{s_t^2 Q_{t+1}\{\beta[\pi^a+(1-\pi^a)d]+1\}}\\&=\frac{Bw_t}{s_t^2 Q_{t+1}\{\beta[\pi^a+(1-\pi^a)d]+1\}}\end{aligned}$$

这就是说，随着对社会养老保障的供款金额上升，总投资额下降，而储蓄的占比上升，生存保险的需求下降。这是因为，首先，对社会养老保障的供款金额上升减少了可支配收入，由于收入效应，总投资会下降。而当 B 不变时，由于 τ 的增加，将来领取的社会养老保障金额 $B\tau$ 势必会增加，由于社会养老保障与生存保险的替代效应，生存保险需求会下降。总之，对社会养老保障的供款金额增加会造成对生存保险的需求下降。随着我国人口老龄化的程度加深，现收现付的社会养老保障体系会难以持续。对此，很多先进国家的经验是提高供款率，或减少将来领取的养老金。而提高供款率，势必造成生存保险需求减少。

3. 社会养老保障将来的给付金 B 对生存保险的影响

很明显，从式（5.18）可以看出 B 的上升造成了总投资 S_t 的下降。又由式（5.19）的第一个表示式，S_t 的减少会造成 θ_t 的上升，而造成生存保险购买占比的下降。综合起来，B 的上升造成生存保险购买金额的下降。这可由生存保险与社会养老保障的替代关系得到解释，社会养老保障福利的增加会造成生存保险需求的减少。反之亦然，在我国人口老龄化的背景下，根据世界先进国家社会养老保障的改革经验，B 会减少。那么，人们也会预期社会养老保障福利下降，从而增加对生存保险的购买。

4. 预期寿命的上升对生存保险需求的影响

在这一模型中，预期寿命的上升表现为生存概率 π^α 的上升。这也是人口老龄化形成的原因之一。首先分析生存概率 π^α 的上升对总投资 s_t 的影响。

设

$$x_1 = \pi^\alpha + (1 + \pi^\alpha) d$$

在 s_t 中代入 x_1，并对 π^α 求导，得到：

$$\frac{ds_t}{d\pi^\alpha} = \frac{\beta Q_{t+1}(w_t - \tau)(1-d)(\beta x_1 + 1) - \beta(1-d)[\beta Q_{t+1}(w_t - \tau)x_1 - \beta\tau]}{Q_{t+1}(\beta x_1 + 1)^2}$$

$$= \frac{\beta Q_{t+1}(w_t - \tau)(1-d) - \beta(1-d)\beta\tau}{Q_{t+1}(\beta x_1 + 1)^2} > 0$$

而分析 π^α 对 θ_t 的影响，只需看 θ_t 的表示式（5.19）中含有 π^α 的因子 i 对 π^α 变化的影响。

令

$$i = \frac{1 - \pi^\alpha}{\beta Q_{t+1}(w_t - \tau)[\pi^\alpha + (1 - \pi^\alpha)d] - \beta\tau}$$

$$m_3 = \beta Q_{t+1}(w_t - \tau)[\pi^\alpha + (1 - \pi^\alpha)d] - \beta\tau$$

对因子 i 关于 π^α 求导，得到：

$$\frac{di}{d\pi^\alpha} = \frac{-\beta Q_{t+1}(w_t - \tau)[\pi^\alpha + (1 - \pi^\alpha)d] + \beta\tau - (1 - \pi^\alpha)\beta Q_{t+1}(w_t - \tau)(1-d)}{m_3^2}$$

$$= \frac{-\beta Q_{t+1}(w_t - \tau)\pi^\alpha + \beta\tau - (1 - \pi^\alpha)\beta Q_{t+1}(w_t - \tau)}{m_3^2}$$

$$= \frac{-\beta Q_{t+1}(w_t - \tau) + \beta\tau}{m_3^2}$$

当 $\beta Q_{t+1}(w_t - \tau) > \beta\tau$ 时，即当将来的社会养老保障给付金较少时，随着生存概率的上升，投资比例会下降，而生存保险的比例会上升。综合起来，当 $\beta Q_{t+1}(w_t - \tau) > \beta\tau$ 时，对生存保险的需求会上升。这是因为，由于生存概率上升，投资总额会增加，而当社会养老保障的给付金低于他们的预期时，他们会增加对生存保险的购买。

5. 生存保险收益率 Q_{t+1} 对生存保险需求的影响

首先看 Q_{t+1} 对总投资 s_t 的影响，由

$$s_t = \frac{\beta(w_t - \tau)[\pi^a + (1 - \pi^a)d] - \dfrac{\beta\tau}{Q_{t+1}}}{\beta[\pi^a + (1 - \pi^a)d] + 1}$$

可知，随着 Q_{t+1} 的上升，s_t 是增加的。

再考虑 Q_{t+1} 对 θ_t 的影响：

由 $\theta_t = \dfrac{\beta(1 - \pi^a)dQ_{t+1}\left(\dfrac{w_t - \tau}{s_t} - 1\right)}{Q_{t+1} - R_{t+1}}$，得到：

$$\frac{\mathrm{d}\theta_t}{\mathrm{d}Q_{t+1}} = \beta(1 - \pi^a)d \frac{\left(\dfrac{w_t - \tau}{s_t} - 1\right)(Q_{t+1} - R_{t+1}) - \dfrac{Q_{t+1}(w_t - \tau)(Q_{t+1} - R_{t+1})\dfrac{ds_t}{dQ_{t+1}}}{s_t^2} - Q_{t+1}\left(\dfrac{w_t - \tau}{s_t} - 1\right)}{(Q_{t+1} - R_{t+1})^2}$$

$$= \beta(1 - \pi^a)d \frac{-\left(\dfrac{w_t - \tau}{s_t} - 1\right)R_{t+1} - \dfrac{Q_{t+1}(w_t - \tau)(Q_{t+1} - R_{t+1})\dfrac{ds_t}{dQ_{t+1}}}{s_t^2}}{(Q_{t+1} - R_{t+1})^2}$$

因为

$$\frac{w_t - \tau}{s_t} - 1 = \frac{w_t - \tau - s}{s_t} > 0 \ \text{及} \ \frac{ds_t}{dQ_{t+1}} > 0$$

因此，$\dfrac{\mathrm{d}\theta_t}{\mathrm{d}Q_{t+1}} < 0, \dfrac{\mathrm{d}(1 - \theta_t)}{\mathrm{d}Q_{t+1}} < 0$。这样，随着 Q_{t+1} 的上升，储蓄的占比下降，生存保险的占比上升。综合起来，随着 Q_{t+1} 的上升，对生存保险的购买增加。

6. 无风险利率 R_{t+1} 对生存保险需求的影响

无风险利率对总投资没有影响。通过式（5.10）可知，当 R_{t+1} 上升时，储蓄占比上升，而对生存保险的需求减少。因为总投资不变，所以综合起来，无风险利率的上升导致储蓄的增加和商业养老保险的减少。对于我国来说，提高利率的经济政策会造成对生存保险的需求减少。而降低无风险利率的经济政策会增加对生存保险的需求。

三 均衡分析

最后，为了分析保险需求对经济均衡的影响，我们分别对两个险种的情况进行讨论。在进行均衡分析时，首先要搞清楚哪些资金进入了资本的投资。对于现收现付的社会养老保障系统，由于年轻人对系统的供款都支付给了老年人作为养老金，所以社会养老保障系统在模型中并没有参与资本的投资。在我们的模型中，储蓄和买保险的资金用于资本投资。

1. 死亡险模型

设 t 期的家庭数为 L_t。设储蓄和购买的死亡险都用于投资。在这里，为了模型简单不考虑准备金的问题。那么，经济中的总期望资本为：

$$K_t = s_t L_t - (1 - \pi^a) Q_t (1 - \theta_{t-1}) s_{t-1} L_{t-1}$$

其中，第一项为 t 世代家庭的总投资，而第二项为 $t-1$ 世代死亡后的赔付金。

那么，经济中的资本-劳动比为：

$$\frac{K_t}{L_t} = s_t - (1 - \pi^a) Q_t (1 - \theta_{t-1}) s_{t-1} \frac{L_{t-1}}{L_t}$$

可以看到，随着生存概率 π^a 的上升，第二项变小，因而资本－劳动比变大。

2. 生存险模型

在这一模型中需要支付 $t-1$ 世代的年金。经济中总期望资本为：

$$K_t = s_t L_t - \pi^a Q'_t (1 - \theta_{t-1}) s_{t-1} L_{t-1}$$

而经济中的资本－劳动比为：

$$K_t = \frac{K_t}{L_t} = s_t - \pi^a Q'_t s_{t-1} \frac{L_{t-1}}{L_t}$$

生存概率的上升造成经济中的资本－劳动比下降。

可以看到，在死亡险的购买上，生存概率的上升使资本－劳动比上升，而在生存险的购买上，生存概率的上升使资本－劳动比下降。

本章主要研究了商业养老保险的需求问题，因为目前商业养老保险并没有从寿险中分离出来，因此都化作寿险需求一并分析。在这一章中，笔者根据我国的实际险种进行分析。一来，对个人来说，可以在工作期间合理分配自己的资产，进行投资和消费，为自己退休后的生活做准备，以减轻对社会养老保障的依赖，同时减轻国家的负担；二来，人口老龄化除了给养老产业带来机遇外，也给保险企业带来了新的机遇，如何开发新的产品，以满足越来越多的养老需要是摆在他们面前的重要问题。要开发合适的产品，就一定要对需求做调查，对需求有细致的了解。因此，这一章对保险企业的发展具有重要的意义。

附录　最优控制理论

在附录中，我们给出数学上控制论的研究方法，以解决经济学中连续时间动态模型的求解问题。在连续时间动态模型中，我们使用最大原理来求解；在离散时间动态模型方面，使用拉格朗日乘数法来求解。本附录给出了最优解的必要和充分条件。在离散时间动态模型方面笔者给出了一部分自己的证明。

第一节　连续时间问题

因为书中使用了这方面的内容，所以在本节，介绍连续时间动态模型的解法。在解决连续时间的动态最优化问题时，使用最优控制的方法来解。

由于连续时间的设定，时间用 t 来表示，它的取值范围为闭区间 $[0, T]$（$T > 0$），或为 $[0, \infty)$。在动态系统中，存在状态变量和控制变量。

1. 状态向量

$$x(t) = \begin{pmatrix} x_1(t) \\ x_2(t) \\ \vdots \\ x_n(t) \end{pmatrix}$$

其中，$x_i(t)$ 为状态变量，关于时间 t 是连续可微的。

2. 控制向量

$$u(t) = \begin{pmatrix} u_1(t) \\ u_2(t) \\ \vdots \\ u_m(t) \end{pmatrix}$$

其中，$u_j(t)$ 是控制变量，在 $[0,T]$ 区间内除去有限个点以外，都是连续的，在连续的区间内连续可微。在不连续点，左极限 $u_j(t-0)$ 和右极限 $u_j(t+0)$ 都存在，且右连续，即 $u_j(t) = u_j(t+0)$。把 $u(t)$ 的取值范围记为 U。

3. 结构方程

联结 $x(t)$ 与 $u(t)$ 的微分方程为：

$$\begin{cases} \dfrac{dx_1(t)}{dt} = g_1[t, x(t), u(t)] \\[2mm] \dfrac{dx_2(t)}{dt} = g_2[t, x(t), u(t)] \\[2mm] \qquad\qquad \vdots \\[2mm] \dfrac{dx_n(t)}{dt} = g_n[t, x(t), u(t)] \end{cases}$$

初始条件为 $x(0) = a$。

4. 终止条件

终止时刻 T 与终止的位置 $x(T)$ 有指定和未指定的情况，当未指定时需要对终止的点附加条件，这种条件称为横截条件。在不同的问题中，可以有不同的限制条件，因而有不同的横截条件成立。

5. 目标函数

一般来说，由泛函数给出目标函数的主要部分：

$$\int_0^T f[t,x(t),u(t)]dt$$

其余部分根据终点 T 与 $x(T)$ 的自由与否而不同，而 $f[t,x(t),u(t)]$ 关于 t、x、u 是连续可微函数。

第二节　最大原理

在这一节中，使用最大原理给出动态最优化问题的解法，并给出最大原理的必要性和充分性证明。

$$\frac{dx_j(t)}{dt} = g_j[t,x(t),u(t)], j = 1,2,\cdots,n$$

$t \in [0,T]$，T 是指定的，$x(0) = a$，但 $x(T)$ 自由。

目标函数为：

$$J[x,u] = \int_0^T f[t,x(t),u(t)]dt + \Phi[x(T)]$$

哈密尔顿函数为：

$$H[t,x(t),u(t),\lambda(t)] = f[t,x(t),u(t)] + \sum_{j=1}^n \lambda_j(t) g_j[t,x(t),u(t)]$$

定理 1：最大原理。

$H[t,x^0(t),u,\lambda^0(t)]$ 在 $u = u^0(t)$ 取得最大值，即

$$H[t,x^0(t),u^0(t),\lambda^0(t)] = \max_{u \in U} H[t,x^0(t),u(t),\lambda^0(t)]$$

如果 $u^0(t)$ 是在 U 的内部的话，则有：

$$\frac{\partial H[t,x^0(t),u^0(t),\lambda^0(t)]}{\partial u_i} = 0, i = 1,2,\cdots,m$$

$$\frac{\mathrm{d}x_j^0(t)}{\mathrm{d}t} = \frac{\partial H}{\partial \lambda_j} = g_j[t,x^0(t),u^0(t)], j = 1,2,\cdots,n$$

$$\frac{\mathrm{d}\lambda_j^0(t)}{\mathrm{d}t} = -\frac{\partial H}{\partial x_j}$$

横截条件：关于 $x_j^0(T)$，

$$\lambda_j^0(T) = \frac{\partial \Phi[x^0(T)]}{\partial x_j}, j = 1,2,\cdots,n$$

如果不存在 $\Phi(x)$ 的话，则有 $\lambda(T) = 0$。

定理 2：设基本问题的哈密尔顿函数 $H[t,x,u,\lambda]$ 关于 x 和 u 是凹的，$\Phi(x)$ 也是关于 x 的凹函数。对问题的可行解 $[x^0(t),u^0(t)]$ 来说，如果存在 $\lambda^0(t)$ 满足定理 1，则 $[x^0(t),u^0(t)]$ 就是基本问题的解。

若 T 与 $x(T)$ 都是给定的，则必要性和充分性都只有前三个条件。

在 T 自由、$x(T)$ 是给定的情况下，

在目标函数中含有关于 T 的函数 $h(T)$，$h(t)$ 关于 t 是可微的。

问题为：

$$\frac{\mathrm{d}x_j}{\mathrm{d}t} = g_j[t,x(t),u(t)], \quad j = 1,2,\cdots,n$$

$x(0) = a$，$x = (T) = b, T < \infty$ 是自由的，$U \subset R^m$，求 $u(t) \in U$ 使得

$$J[x,u] = \int_0^T f[t,x(t),u(t)]\mathrm{d}t + h(T)$$

达到最大。

定理 3：设问题的最优解为 $[x^0(t),u^0(t)]$，最优时刻为 T^0。则存在 $\lambda^0(t)$ 在满足定理 1 的条件之外，还满足以下条件。

（1）横截条件：关于最终时刻 T^0，

$$H[T^0,x^0(T^0),u^0(T^0),\lambda^0(T^0)] + \frac{\mathrm{d}h(T^0)}{\mathrm{d}T} = 0$$

当不含有 $h(T)$ 时，应有：

$$H[T^0,x^0(T^0),u^0(T^0),\lambda^0(T^0)] = 0$$

定理 4：以上问题的哈密尔顿函数 $H(t,x,u,\lambda)$ 关于 x 与 u 是凹的，$h(T)$ 关于 T 是凹的。如果存在满足定理 3 的条件，$x^0(t)$、$u^0(t)$ 就是以上问题的解。

在 T 与 $x(T)$ 都是自由的情况下，问题为：

$$\frac{\mathrm{d}x_j}{\mathrm{d}t} = g_j[t,x(t),u(t)], \quad j = 1,2,\cdots,n$$

$X(0) = a, x(T)$ 自由，$T < \infty$ 自由，T 自由，$U \subset R^m$，求 $u(t) \in U$ 使得

$$J[x,u] = \int_0^T f[t,x(t),u(t)]\mathrm{d}t + \Psi[T,x(T)]$$

达到最大。

定理 5：设以上问题的最优解为 $x^0(t)$、$u^0(t)$，最佳终点时刻为 T^0。存在 $\lambda^0(t)$ 在满足定理 1 的条件以外，还满足以下条件：

$$\lambda_j^0(T^0) = \frac{\partial \Psi(T^0, x_0)}{\partial x_j}, \quad j = 1, 2, \cdots, n$$

$$H(T^0) + \frac{\partial \psi[T^0, x^0(T^0)]}{\partial T} = 0$$

定理 6：设以上问题的哈密尔顿函数关于 x、u 是凹函数。Ψ 关于 T 与 x 是凹函数。这时，$x^0(t)$、$u^0(t)$、$\lambda^0(t)$ 和 T^0 如满足定理 5 的条件，则 $[x^0(t), u^0(t)]$ 为问题的最优解，T^0 为最佳终止时刻。

第三节 离散时间问题

在这一节中，时间是离散的，即 t 取 0 和正整数的形式。考虑以下最优控制问题。

t 取值 0，1，2，$\cdots$，T，

目标函数

$$\sum_{t=0}^{T-1} f(t, x_t, u_t)$$

满足以下限制条件：

$$x_{t+1} - x_t = g(t, x, u_t), \quad t = 0, 1, 2 \cdots, T-1$$
$$x(0) = a, \quad x(T) = b$$

求 $u_t \in R^m$ 使得目标函数达到最大，其中，$f(t, x_t, u_t)$ 和 $g(t, x_t, u_t)$ 关于 x_t 和 u_t 是连续可微的。

定理 7：设以上的问题存在最优解 (x_t^0, u_t^0)。使用辅助变量 λ_t，定义哈密尔顿函数如下：

$$H(t, x_t, u_t, \lambda_t) = f(t, x_t, u_t) + \lambda_t g(t, x_t, u_t)$$

这时，对于 x_t^0、u_t^0，存在唯一的 λ_t^0，满足以下条件：

$$\frac{\partial H(t,x_t^0,u_t^0,\lambda_t^0)}{\partial u_t}=0,t=0,1,2,\cdots,T-1$$

$$x_{t+1}^0-x_t^0=\frac{\partial H(t,x_t^0,u_t^0,\lambda_t^0)}{\partial \lambda_t},t=0,1,2,\cdots,T-1$$

$$\lambda_t^0-\lambda_{t-1}^0=-\frac{\partial H(t,x_t^0,u_t^0,\lambda_t^0)}{\partial x_t},t=0,1,2,\cdots,T-1$$

证明：这个问题除去边界条件，是 $2T-1$ 个函数向量 $x_1,x_2,\cdots,x_{T-1},u_0,u_1,\cdots,u_{T-1}$ 的条件极值问题。因此使用拉格朗日乘数 λ_t，构成拉格朗日函数。

$$L(x_1,x_2,\cdots,x_{T-1},u_0,u_1,\cdots,u_{T-1},\lambda_0,\lambda_1,\cdots,\lambda_{T-1})$$
$$=\sum_{t=0}^{T-1}f(t,x_t,u_t)+\lambda_t[g(t,x_t,u_t)-x_{t+1}+x_t]$$

设有最优解 (x_t^0,u_t^0)，$t=0,1,2,\cdots,T-1$。由拉格朗日乘数法，应有：

$$\frac{\partial L}{\partial x_t}=0,t=0,1,2,\cdots,T-1 \qquad (3.1)$$

$$\frac{\partial L}{\partial u_t}=0,t=0,2,\cdots,T-1 \qquad (3.2)$$

由式（3.1），得到：

$$\frac{\partial L}{\partial x_t}=\frac{\partial f(t,x_t^0,u_t^0)}{\partial x_t}+\lambda_t^0\frac{\partial g(t,x_t^0,u_t^0)}{\partial x_t}+\lambda_t^0-\lambda_{t-1}^0=0$$

移项得到：

$$\lambda_t^0-\lambda_{t-1}^0=-\frac{\partial f(t,x_t^0,u_t^0)}{\partial x_t}-\lambda_t^0\frac{\partial g(t,x_t^0,u_t^0)}{\partial x_t}=\frac{\partial}{\partial X_t}[f(t,x_t^0,u_t^0)$$
$$+\lambda_t^0 g(t,x_t^0,u_t^0)]$$

由哈密尔顿函数

$$H(t,x_t,u_t,\lambda_t) = f(t,x_t,u_t) + \lambda_t g(t,x_t,u_t)$$

上式变为:

$$\lambda_t^0 - \lambda_{t-1}^0 = -\frac{\partial H(t,x_t^0,u_t^0,\lambda_t^0)}{\partial x_t}, \quad t=0,1,2,\cdots,T-1$$

由式 (3.2), 得到:

$$\frac{\partial L}{\partial u_t} = \frac{\partial}{\partial u_t}[f(t,x_t^0,u_t^0) + \lambda_t^0 g(t,x_t^0,u_t^0)] = \frac{\partial H(t,x_t^0,u_t^0,\lambda_t^0)}{\partial u_t} = 0$$

由限制条件 $x_{t+1}^0 - x_t^0 = g(t,x_t^0,u_t^0)$, 得到:

$$x_{t+1}^0 - x_t^0 = \frac{\partial H(t,x_t^0,u_t^0,\lambda_t^0)}{\partial \lambda_t}, \quad t=0,1,2,\cdots,T-1$$

定理 8: 若以上哈密尔顿函数 $H(t,x_t,u_t,\lambda_t)$ 关于 x_t 和 u_t 是凹的, 对于可行解 (x_t^0,u_t^0), 若存在 λ_t^0, 满足定理 7 的条件, 则 x_t^0 与 u_t^0 为最优解。

证明: 设对于 x_t^0 与 u_t^0 来说, 存在满足条件的 λ_t^0。取任意的可行解 x_t、u_t, 对于这个解, $x_{t+1} - x_t = g(t,x_t,u_t), t=0,$ $1,2,\cdots,T-1$ 成立, 对于 λ_t^0, 有

$$\lambda_t^0[g(t,x_t,u_t) - (x_{t+1-x_t})] = 0$$

成立。因而, 目标函数为:

$$\sum_{t=0}^{T-1} f(t,x_t,u_t)$$

$$= \sum_{t=0}^{T-1} \{f(t,x_t,u_t) + \lambda_t^0[g(t,x_t,u_t) - (x_{t+1-x_t})]\}$$

$$= \sum_{t=0}^{T-1} [H(t,x_t,u_t,\lambda_t^0) - \lambda_t^0(x_{t+1} - x_t)]$$

$$= \sum_{t=0}^{T-1} H(t, x_t, u_t, \lambda_t^0) - \sum_{t=0}^{T-1} \lambda_t^0 (x_{t+1} - x_t)$$

考虑

$$\sum_{t=0}^{T-1} \lambda_t^0 (x_{t+1} - x_t)$$

$$= \sum_{t=0}^{T-1} (\lambda_{t+1}^0 x_{t+1} - \lambda_t^0 x_t) - \sum_{t=0}^{T-1} (\lambda_{t+1}^0 - \lambda_t^0) x_{t+1}$$

$$= \lambda_T^0 x_T - \lambda_0^0 x_0 - \sum_{t=0}^{T-1} (\lambda_{t+1}^0 - \lambda_t^0) x_{t+1}$$

由于 $x_0 = a, x_T = b$，得到：

$$\sum_{t=0}^{T-1} f(t, x_t, u_t)$$

$$= \sum_{t=0}^{T-1} H(t, x_t, u_t, \lambda_t^0) + \sum_{t=0}^{T-1} (\lambda_{t+1}^0 - \lambda_t^0) x_{t+1} - \lambda_T^0 b + \lambda_0^0 a$$

$$= \sum_{t=0}^{T-1} [H(t, x_t, u_t, \lambda_t^0) + (\lambda_{t+1}^0 - \lambda_t^0) x_{t+1}] - \lambda_T^0 b + \lambda_0^0 a$$

而

$$\sum_{t=0}^{T-1} f(t, x_t, u_t) - \sum_{t=0}^{T-1} f(t, x_t^0, u_t^0)$$

$$= \sum_{t=0}^{T-1} \{[H(t, x_t, u_t, \lambda_t^0) + (\lambda_{t+1}^0 - \lambda_t^0) x_{t+1}] - H(t, x_t^0, u_t^0, \lambda_t^0)$$

$$- (\lambda_{t+1}^0 - \lambda_t^0) x_{t+1}^0\}$$

$$= \sum_{t=0}^{T-1} \{[H(t, x_t, u_t, \lambda_t^0) - H(t, x_t^0, u_t^0, \lambda_t^0)] + (\lambda_{t+1}^0 - \lambda_t^0)(x_{t+1} - x_{t+1}^0)\}$$

由于 $x_T = x_T^0 = b$，得到：

$$(\lambda^0 - \lambda_{T-1}^0)(x_T - x_T^0) = 0$$

这样，

$$\sum_{t=0}^{T-1} (\lambda_{t+1}^0 - \lambda_t^0)(x_{t+1} - x_{t+1}^0)$$

$$= \sum_{t=0}^{T-1} (\lambda_t^0 - \lambda_{t-1}^0)(x_t - x_t^0)$$

则

$$\sum_{t=0}^{T-1} f(t, x_t, u_t) - \sum_{t=0}^{T-1} f(t, x_t^0, u_t^0)$$

$$= \sum_{t=0}^{T-1} \left[H(t, x_t, u_t, \lambda_t^0) - H(t, x_t^0, u_t^0, \lambda_t^0) \right] + \sum_{t=1}^{T-1} (\lambda_t^0 - \lambda_{t-1}^0)(x_t - x_t^0)$$

$$\leqslant \sum_{t=0}^{T-1} \left[\frac{\partial H}{\partial x_t}(x_t - x_t^0) + \frac{\partial H}{\partial u_t}(u_t - u_t^0) \right] + \sum_{t=1}^{T-1} (\lambda_t^0 - \lambda_{t-1}^0)(x_t - x_t^0)$$

$$= \sum_{t=1}^{T-1} \left[\frac{\partial H}{\partial x_t} + (\lambda_t^0 - \lambda_{t-1}^0) \right](x_t - x_t^0) + \sum_{t=0}^{T-1} \frac{\partial H}{\partial u_t}(u_t - u_t^0) + \frac{\partial H}{\partial x_0}(x_0 - x_0^0)$$

由于 $x_0 = x_0^0 = a$，最后一项为 0。由第 3 个定理条件，第一项为 0，由第 1 个定理条件，第二项为 0，因而：

$$\sum_{t=0}^{T-1} f(t, x_t, u_t) - \sum_{t=0}^{T-1} f(t, x_t^0, u_t^0) \leqslant 0$$

即

$$\sum_{t=0}^{T-1} f(t, x_t, u_t) \leqslant \sum_{t=0}^{T-1} f(t, x_t^0, u_t^0)$$

当 T 是无穷大时，考虑

$$\sum_{t=0}^{T-1} f(t, x_t, u_t)$$

$$= \sum_{t=0}^{T-1} f(t, x_t, u_t) + \sum_{t=0}^{T-1} \lambda_t^0 \left[g(t, x_t, u_t) - (x_{t+1} - x_t) \right]$$

$$= \sum_{t=0}^{T-1} \left[f(t, x_t, u_t) + \lambda_t^0 g(t, x_t, u_t) \right] - \sum_{t=0}^{T-1} \lambda_t^0 (x_{t+1} - x_t)$$

$$= \sum_{t=0}^{T-1} H(t, x_t, u_t, \lambda_t^0) - \sum_{t=0}^{T-1} \lambda_t^0 (x_{t+1} - x_t)$$

而

$$\sum_{t=0}^{T} \lambda_t^0 (x_{t+1} - x_t)$$

$$= \lambda_0^0 (x_1 - x_0) + \lambda_1^0 (x_2 - x_1) + \lambda_2^0 (x_3 - x_2) + \cdots x_T^0 (x_{T+1} - x_T)$$

$$= - (\lambda_1^0 - \lambda_0^0) x_1 - (\lambda_2^0 - \lambda_1^0) x_2 - (\lambda_3^0 - \lambda_2^0) x_3$$

$$\quad - \cdots - (\lambda_T^0 - \lambda_{T-1}^0) x_T - \lambda_0^0 x_0 + \beta^T \lambda_T^0 x_{T+1}$$

$$= - \sum_{t=0}^{T-1} (\lambda_{t+1}^0 - \lambda_t^0) x_{t+1} - \lambda_0^0 x_0 + \beta^T \lambda_T^0 x_{T+1}$$

$$= - \sum_{t=0}^{T-1} (\lambda_t^0 - \lambda_{t-1}^0) x_t - \lambda_0^0 x_0 + \beta^T \lambda_T^0 x_{T+1}$$

$$\sum_{t=0}^{T} f(t, x_t, u_t)$$

$$= \sum_{t=0}^{T} H(t, x_t, u_t, \lambda_t^0) - \sum_{t=0}^{T} \lambda_t^0 (x_{t+1} - x_t)$$

$$= \sum_{t=0}^{T} H(t, x_t, u_t, \lambda_t^0) - \sum_{t=0}^{T-1} (\lambda_{t+1}^0 - \lambda_t^0) x_{t+1} + \lambda_0^0 x_0 - \beta^T \lambda_T^0 x_{T+1}$$

这样，对任意 T 都有：

$$\sum_{t=0}^{T} f(t, x_t, u_t) - \sum_{t=0}^{T} f(t, x_t^0, u_t^0)$$

$$= \sum_{t=0}^{T} [H(t, x_t, u_t, \lambda_t^0) - H(t, x_t^0, u_t^0, \lambda_t^0)] + \sum_{t=1}^{T} (\lambda_t^0 - \lambda_{t-1}^0)$$

$$(x_t - x_t^0) - \beta^T \lambda_T^0 (x_{T+1} - x_{T+1}^0)$$

$$\leqslant \sum_{t=0}^{T} \left[\frac{\partial H(t, x_t^0, u_t^0, \lambda_t^0)}{\partial u} (u_t - u_t^0) + \frac{\partial H(t, x_t^0, u_t^0, \lambda_t^0)}{\partial x} (x_t - x_t^0) \right]$$

$$+ \sum_{t=0}^{T-1} (\lambda_t^0 - \lambda_{t-1}^0)(x_t - x_t^0) - \beta^T \lambda_T^0 (x_{T+1} - x_{T+1}^0)$$

由于 $\dfrac{\partial H(t, x_t^0, u_t^0, \lambda_t^0)}{\partial u} = 0$ 及 $x_0 = x_0^0$，上式变为：

$$\sum_{t=1}^{T}\left[\frac{\partial H(t,x_t^0,u_t^0,\lambda_t^0)}{\partial x} + (\lambda_t^0 - \lambda_{t-1}^0)\right](x_t - x_t^0) - \beta^T\lambda_T^0(x_{T+1} - x_{T+1}^0)$$

由于

$$\lambda_t^0 - \lambda_{t-1}^0 = -\frac{\partial H}{\partial x}(t,u_t^0,x_t^0,\lambda_t^0)$$

第一项为 0，而第二项，若

$$\lim_{T\to\infty}\beta^T\lambda_T^0 x_{T+1}^0 = 0$$

则有：

$$\lim_{T\to\infty}\left[\sum_{t=0}^{T}f(t,x_t,u_t) - \sum_{t=0}^{T}f(t,x_t^0,u_t^0)\right]$$
$$\leqslant \lim_{T\to\infty}(-\beta^T\lambda_0^T x_{T+1}) \leqslant 0$$

因而，$\{x_t^0\}_{t=1}^{\infty}$ 是这个问题的最优解。

当目标函数为

$$\sum_{t=0}^{\infty}\beta^t f(t,x_t,u_t)$$

时，令

$$H = \beta^t f(t,u_t,x_t) + \beta^t\lambda_t g(t,u_t,x_t)$$

当 $[(\lambda_t^0,u_t^0,x_t^0)]_{t=0}^{\infty}$ 满足

$$\frac{\partial H}{\partial U} = 0$$

$$\beta\lambda_t - \lambda_{t-1} = -\frac{\partial H}{\partial x}$$

时，则 $[(u_t^0,x_t^0)]_{t=0}^{\infty}$ 是最优解。

拉格朗日函数为：

$$L = \sum_{t=0}^{T-1} \beta^t f(t, u_t, x_t) + \sum_{t=0}^{T-1} \beta^t \lambda_t [g(t, u_t, x_t) + x_t - x_{t+1}]$$

最优化条件为:

$$\frac{\partial L}{\partial u} = 0$$

$$\frac{\partial L}{\partial x} = 0$$

得到:

$$\frac{\partial H}{\partial u_t} = 0 \qquad (3.3)$$

$$\beta^t \frac{\partial f}{\partial x_t} + \beta^t \lambda_t \frac{\partial g}{\partial x_t} + \beta^t \lambda_t - \beta^{t-1} \lambda_{t-1} = 0$$

继而得到:

$$\beta^t \lambda_t - \beta^{t-1} \lambda_{t-1} = -\frac{\partial H}{\partial x_t} \qquad (3.4)$$

定理 9:若满足条件 (3.3) (3.4),且 $\lim\limits_{T \to \infty} \beta^T \lambda_T^0 x_{T+1}^0 = 0$,则 $[(u_t^0, x_t^0)]_{t=0}^{\infty}$ 为问题的最优解。

证明:

$$\sum_{t=0}^{T} \beta^t f(t, x_t, u_t)$$

$$= \sum_{t=0}^{T} \beta^t f(t, x_t, u_t) + \sum_{t=0}^{T} \beta^t \lambda_t^0 [g(t, x_t, u_t) - (x_{t+1} - x_t)]$$

$$= \sum_{t=0}^{T} \beta^t [f(t, x_t, u_t) + \lambda_t^0 g(t, x_t, u_t)] - \sum_{t=0}^{T} \beta^t \lambda_t^0 (x_{t+1} - x_t)$$

$$= \sum_{t=0}^{T} H(t, x_t, u_t, \lambda_t^0) - \sum_{t=0}^{T} \beta^t \lambda_t^0 (x_{t+1} - x_t)$$

而

$$\sum_{t=0}^{T} \beta^t \lambda_t^0 (x_{t+1} - x_t)$$

$$= \lambda_0^0 (x_1 - x_0) + \beta \lambda_1^0 (x_2 - x_1) + \beta^2 \lambda_2^0 (x_3 - x_2)$$

$$\quad + \cdots + \beta^T \lambda_T^0 (x_{T+1} - x_T)$$

$$= -(\beta \lambda_1^0 - \lambda_0^0) x_1 - \beta(\beta \lambda_2^0 - \lambda_1^0) x_2 - \beta^2 (\beta \lambda_3^0 - \lambda_2^0) x_3$$

$$\quad - \cdots - \beta^{t-1}(\beta \lambda_T^0 - \lambda_{T-1}^0) x_T - \lambda_0^0 x_0 + \beta^T \lambda_T^0 x_{T+1}$$

$$= -\sum_{t=0}^{T} \beta^t (\beta \lambda_{t+1}^0 - \lambda_t^0) x_{t+1} - \lambda_0^0 x_0 + \beta^t \lambda_T^0 \lambda_T^0 x_{T+1}$$

这样,

$$\sum_{t=0}^{T} \beta^t f(t, x_t, u_t)$$

$$= \sum_{t=0}^{T} H(t, x_t, u_t, \lambda_t^0) + \sum_{t=0}^{T-1} \beta^t (\beta \lambda_{t+1}^0 - \lambda_t^0) x_{t+1} + \lambda_0^0 x_0$$

$$\quad - \beta^T \lambda_T^0 x_{T+1}$$

而

$$\sum_{t=0}^{T} \beta^t f(t, u_t, x_t) - \sum_{t=0}^{T} \beta^t f(t, u_t^0, x_t^0)$$

$$= \sum_{t=0}^{T} [H(t, u_t, x_t, \lambda_t^0) - H(t, u_t^0, x_t^0, \lambda_t^0)] + \sum_{t=0}^{T-1} \beta^t (\beta \lambda_{t+1}^0 - \lambda_t^0)$$

$$(x_{t+1} - x_{t+1}^0) - \beta^T \lambda_T^0 (x_{T+1} - x_{t+1}^0)$$

$$\leqslant \sum_{t=0}^{T} \left[\frac{\partial H}{\partial u_t} (u_t - u_t^0) + \frac{\partial H}{\partial x_t} (x_t - x_t^0) \right] + \sum_{t=0}^{T-1} \beta^t (\beta \lambda_{t+1}^0 - \lambda_t^0)$$

$$(x_{t+1} - x_{t+1}^0) - \beta^T \lambda_T^0 (x_{T+1} - x_{T+1}^0)$$

$$= \sum_{t=0}^{T} \left[\frac{\partial H}{\partial u_t} (u_t - u_t^0) + \frac{\partial H}{\partial x_t} (x_t - x_t^0) \right] + \sum_{t=0}^{T} \beta^{t-1} (\beta \lambda_t^0 - \lambda_{t-1}^0)$$

$$(x_t - x_t^0) - \beta^T \lambda_T^0 (x_{T+1} - x_{t+1}^0)$$

由于 $\dfrac{\partial H}{\partial u_t} = 0$,上式变为:

$$\sum_{t=0}^{T} \frac{\partial H}{\partial x_t}(x_t - x_t^0) + \sum_{t=1}^{T} \beta^{t-1}(\beta\lambda_t^0 - \lambda_{t-1}^0)(x_t - x_t^0) - \beta^T\lambda_T^0(x_{T+1} - x_{t+1}^0)$$

$$= \sum_{t=0}^{T} \frac{\partial H}{\partial x_t}(x_t - x_t^0) + \sum_{t=1}^{T} \beta^{t-1}(\beta\lambda_t^0 - \lambda_{t-1}^0)(x_t - x_t^0) - \beta^T\lambda_T^0(x_{T+1} - x_{t+1}^0)$$

$$= \sum_{t=1}^{T} \left[\frac{\partial H}{\partial x_t} + (\beta^t\lambda_t^0 - \beta^{t-1}\lambda_{t-1}^0) \right](x_t - x_t^0) - \beta^T\lambda_T^0(x_{T+1} - x_{t+1}^0)$$

$$= -\beta^T\lambda_T^0(x_{T+1} - x_{t+1}^0)$$

第一个等式成立是因为初始条件 $x^0 = x_0^0$，最后一个等式成立是因为条件（3.4）被满足。当 $\lim_{T\to\infty} \beta^T\lambda_T^0 x_{T+1}^0 = 0$ 时，会有

$$\sum_{t=0}^{T} \beta^t f(t, u_t, x_t) - \sum_{t=0}^{T} \beta^t f(t, u_t^0, x_t^0) \leqslant 0，对任意大的 T 都$$

成立。

因而，

$$\sum_{t=0}^{T} \beta^t f(t, u_t, x_t) - \sum_{t=0}^{T} \beta^t f(t, u_t^0, x_t^0) \leqslant 0$$

即 $[(u_t^0, x_t^0)]_{t=0}^{\infty}$ 为这一问题的最优解。

参考文献

[1] T. S. Aidt, A. Berry and H. Low, "Public Pensions," Workingpaper of University of Cambridge, 2008.

[2] N. Barr, and P. Diamond, "The Economics of Pensions," *Oxford Review of Economic Policy*, Vol. 22, No. 1, 2006, 15 – 39.

[3] R. J. Barro and G. S. Becker, "Fertility Choice in a Model of Economic Growth," *Economitrica*, Vol. 57, No. 2, 1989, 481 – 501.

[4] G. S. Becker and R. J. Barro, "A Reformulation of the Economic Theory of Fertility," *Quarterly Journal of Economics*, Vol. CIII, No. 1, 1988, 1 – 25.

[5] R. Beker and J. Boyd III, *Capital Theory, Equilibrium Analysis and Recursive Utility*, Blackwell Publishers, 1997.

[6] G. S. Becker and C. B. Mulligan, "The Endogenous Determination of Time Preference," *The Quarterly Journal of Economics*, 1997, 729 – 758.

[7] G. S. Becker, K. M. Murphy and R. Tamura, "Human Capital, Fertility, and Economic Growth," *Journal of Political Economy*, Vol. 98, No. 5, 1990, S12 – S37.

[8] J. Benhabib and K. Nishimura, "Endogenous Fluctuations in

the Barro-Beker Theory of Fertility," in: *Demographic Change and Economic Development*, Springer-Verlag Berlin Heideberg, 1989.

[9] L. Bettendorf and B. Heijdra, "Population Ageing and Pension Reform in a Small Open Economy with Non-Traded Goods," *Journal of Economic Dynamics & Control*, 30, 2006, 2389 – 2424.

[10] K. Blackburn and G. P. Cipriani, "Endogenous Fertility, Mortality and Growth," *Journal of Population Economics*, 11, 1998, 517 – 534.

[11] O. J. Blanchard, "Debt, Deficits, and Finite Horizons," *Journal of Political Economy*, Vol. 93, No. 2, 1985, 223 – 247.

[12] O. J. Blanchard and S. Fischer, *Lectures on Macroeconomics*, The MIT Press, 1989.

[13] D. E. Bloom, D. Canning, G. Fink and J. E. Finlay, "Fertility, Female Labor Force Participation, and the Demographic Dividend," *Journal of Economic Growth*, 14, 2009, 79 – 101.

[14] Z. Bodie, R. C. Merton and W. F. Samuelson, "Labor Supply Flexibility and Portfolio Choice in a Life Cycle Model," *Journal of Economic Dynamics & Control*, Vol. 16, 1992, 427 – 449.

[15] S. Chakraborty, "Endogenous Lifetime and Economic Growth," *Journal of Economic Theory*, 116, 2004, 119 – 137.

[16] M. Doepke, "Accounting for Fertility Decline during the Transition to Growth," *Journal of Economic Growth*, 2004,

347 – 383.

[17] J. Finlay, "Endogenous Longevity and Economic Growth," *Program of the Global Demography of Ageing Working Papar Series*, No. 7, 2006.

[18] S. Fischer, "A Life Cycle Model of Life Insurance Purchases," *International Economic Review*, Vol. 14, No. 1, 1973, 132 – 152.

[19] R. Galindev, "Leisure Goods, Education Attainment and Fertility Choice," *Journal of Economic Growth*, 16, 2011, 157 – 181.

[20] O. Galor and D. N. Weil, "The Gendar Gap, Fertility, and Growth," *The American Economic Review*, Vol. 86, No. 3; 1996; 374 – 387.

[21] O. Galor and D. N. Weil, "Population, Technology, and Growth: From Malthusian Stagnation to the Demographic Transition and Beyond," *The American Economic Review*, Vol. 90, No. 4, 2000, 806 – 828.

[22] S. Kalemili-Ozcan and D. N. Weil, "Mortality Change, the Uncertainty Effect, and Retirement," *Journal of Economic Growth* 15, 2010, 65 – 91.

[23] Kanaya, Sadao, "Division Work between Male and Female, Human Capital, Demographic Transition," *Economy and Economics*, No. 92, 2002 (in Japanese).

[24] M. Kremer, "Population Growth and Technological Change: One Million B. C. to 1990," *Quarterly Journal of Economics*, Vol. 108, No. 3, 1993, 687 – 716.

[25] N. P. Lagerlof, "The Galor-Weil Model Revisited: A Quan-

titative Exercise," Workingpaper of York University, 2005.

[26] C. Nickel, P. Rother and A. Theophilopoulou, "Population Ageing and Public Pension Reforms in a Small Open Economy," *European Central Bank Workingpaper Series*, No. 863, 2008.

[27] Nishimura and L. K. Raut, "Endogenous Fertility and Growth Dynamics," in: G. Ranis and L. K. Raut, *Trade, Growth, and Development*, 1999, 39 – 53.

[28] T. R. Malthus, *An Essay on the Principle of Population*, Cambridge: Cambridge University Press, 1826.

[29] Qi Ling, "An Analysis of the Model of Division Work between Male and Female with Endogenous Fertility," *Oikonomica*, Vol. 39, No. 2, 2002, 1 – 21 (in Japanese).

[30] Qi Ling and Sadao Kanaya, "The Concavity of the Value Function of the Extended Barro-Beker Model," *Journal of Economic Dynamics & Control*, Vol. 34, No. 2, 2010, 314 – 329.

[31] A. E. Satchell and S. Thorp, "Uncertain Survival and Time Discounting: Inter-temporal Consumption Plans for Fertility Trusts," *Journal of Population Economics*, 24, 2011, 239 – 266.

[32] T. P. Schultz, "Demand for Children in Low Income Countries," in Mark R. Rosenzweig and Oded Stark, eds. , *Handbook of Population and Family Economics*. Amsterdam: North – Holland, 1997, 349 – 430.

[33] T. W. Schultz, *Transforming Traditional Agriculture*, New Haven: Yale University Press, 1964.

[34] T. W. Schultz, "The Value of the Ability to Deal with Dis-equilibria," *Journal of Economic Literature*, Vol. 13, No. 3, 1975, 827 – 846.

[35] N. L. Stokey, R. E. Lucas and E. C. Prescott, *Recursive Methods in Economic Dynamics*, Harverd University Press Combridge, 1989.

[36] R. V. Vohra, *Advanced Mathematical Economics*, Routledge Taylor & Francis Group, 2005.

[37] D. N. Weil, *Economic Growth*, Pearson Education, Inc. Publishing as Addison-Wesley, 2005.

[38] D. N. Weil, "Population Aging," NEBR Working paper Series, 2006.

[39] M. E. Yaari, "Uncertain Life Time, Life Insurance, and the Theory of the Consumer," *The Review of Economic Studies*, Vol. 32, No. 2, 1965, 137 – 150.

[40] 刘鸿雁、黄匡时:《全国"单独两孩"政策实施效果研究》,《中国人口科学》2015 年第 4 期。

[41] 刘子兰:《养老金制度和养老基金管理》,经济科学出版社,2005。

[42] 梁来存:《我国寿险需求的实证分析》,《数量经济技术经济研究》2007 年第 3 期。

[43] 齐玲:《内生出生率与养老金》,社会科学文献出版社,2013。

[44] 王美娇、朱铭来:《商业健康保险对居民消费及其结构的影响》,《保险研究》2015 年第 6 期。

[45] 王晓军:《中国养老金缺口财政支付能力研究》,经济科学出版社,2000。

［46］ 王晓军、赵明:《寿命延长与推迟退休:国际比较与我国实证》,《数量经济技术经济》2015 年第 3 期。

［47］ 魏华林:《人寿保险需求研究》,中国财政经济出版社,2009。

［48］ 魏吉漳:《中国城镇企业职工基本养老保险财务可持续性精算评估》,中国社会科学院研究生院,博士论文,2014。

［49］ 徐怡华:《人口老龄化形势下商业养老保险的发展前景》,《市场与人口分析》2002 年第 3 期。

［50］ 张连增、尚颖:《中国人口老龄化对寿险需求的实证分析——基于省际面板数据的经验分析》,《保险研究》2011 年第 1 期。

［51］ 张宁:《中国慢性病群体的长寿风险量化分析与应用》,《保险研究》2015 年第 6 期。

［52］ 赵曼、韩丽:《长期护理保险制度的选择:一个研究综述》,《中国人口科学》2015 年第 1 期。

［53］ 郑秉文:《机关事业单位养老金并轨改革:从"碎片化"到"大一统"》,《中国人口科学》2015 年第 1 期。

［54］ 郑秉文:《中国养老金发展报告 2012》,经济管理出版社,2012。

［55］ 郑秉文:《中国养老金发展报告 2013》,经济管理出版社,2013。

［56］ 钟春平、陈静、孙焕民:《寿险需求及其影响因素研究:中国寿险需求为何低》,《经济研究》2012 年第 1 期。

［57］ 周渭兵:《社会养老保险精算理论、方法及其应用》,经济管理出版社,2014。

［58］ 杨菊华:《单独二孩政策下流动人口的生育意愿试析》,《中国人口科学》2015 年第 1 期。

图书在版编目（CIP）数据

人口老龄化问题的动态研究／齐玲著. -- 北京：
社会科学文献出版社，2017.6
ISBN 978 - 7 - 5201 - 0943 - 7

Ⅰ.①人… Ⅱ.①齐… Ⅲ.①人口老龄化 - 研究 - 中
国 Ⅳ.①C924.24

中国版本图书馆 CIP 数据核字（2017）第 136319 号

人口老龄化问题的动态研究

著 者／齐 玲

出 版 人／谢寿光
项目统筹／高 雁
责任编辑／颜林柯

出 版／社会科学文献出版社·经济与管理分社（010）59367226
地址：北京市北三环中路甲 29 号院华龙大厦 邮编：100029
网址：www. ssap. com. cn
发 行／市场营销中心（010）59367081 59367018
印 装／三河市尚艺印装有限公司

规 格／开 本：787mm × 1092mm 1/16
印 张：12.75 字 数：147 千字
版 次／2017 年 6 月第 1 版 2017 年 6 月第 1 次印刷
书 号／ISBN 978 - 7 - 5201 - 0943 - 7
定 价／69.00 元

本书如有印装质量问题，请与读者服务中心（010 - 59367028）联系